NICOLAS SANGUIN

ÉVÊQUE DE SENLIS

Fondateur du Monastère de la Présentation de Notre-Dame.

EXTRAIT DES CHRONIQUES DUDIT MONASTÈRE ET ANNOTATIONS

PAR

l'abbé EUG. MÜLLER

CHANOINE HONORAIRE DE BEAUVAIS.

BEAUVAIS

IMPRIMERIE D. PERE, RUE SAINT-JEAN.

1886.

NICOLAS SANGUIN

ÉVÊQUE DE SENLIS

FONDATEUR DU MONASTÈRE DE LA PRÉSENTATION DE NOTRE-DAME.

NICOLAS SANGUIN

ÉVÊQUE DE SENLIS

Fondateur du Monastère de la Présentation de Notre-Dame.

EXTRAIT DES CHRONIQUES DUDIT MONASTÈRE ET ANNOTATIONS

PAR

l'abbé Eug. MÜLLER

CHANOINE HONORAIRE DE BEAUVAIS.

BEAUVAIS

IMPRIMERIE D. PERE, RUE SAINT-JEAN.

1886.

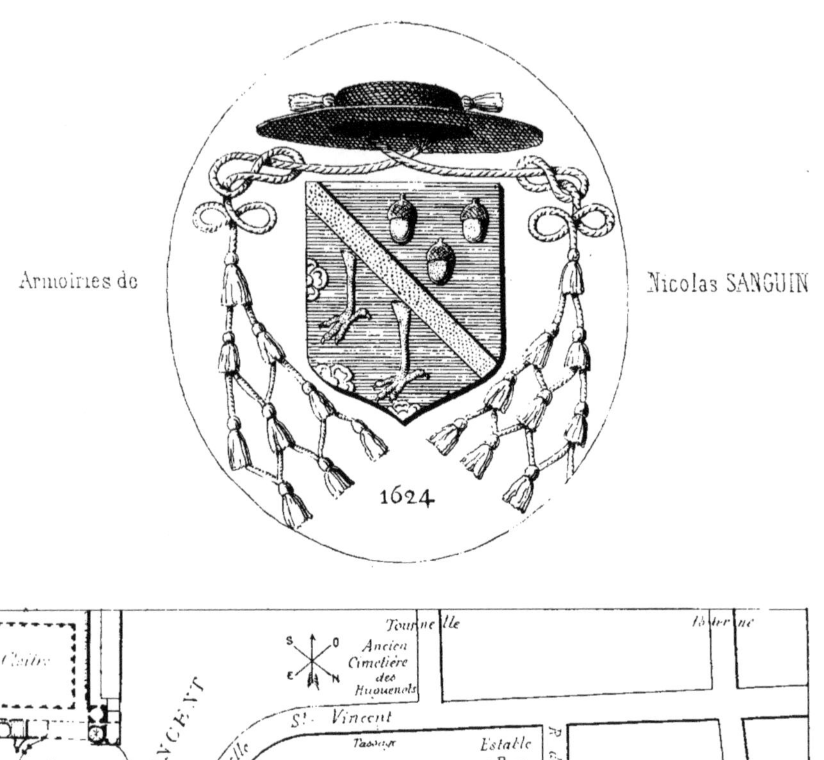

Armoiries de Nicolas SANGUIN

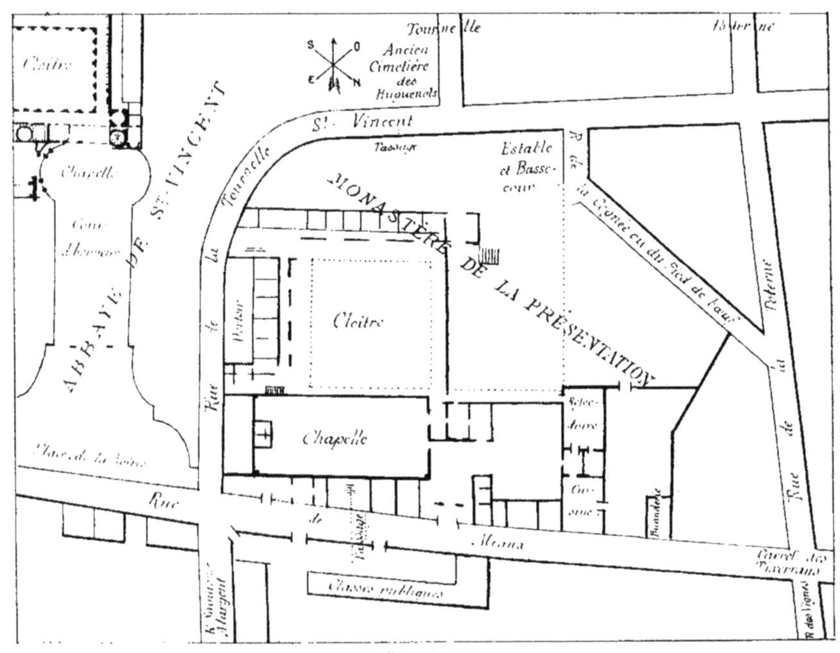

In p Paputel Sangr é.

PLAN RESTITUÉ DU MONASTÈRE DE LA PRÉSENTATION

VIE

DE

Mgr NICOLAS SANGUIN

Evêque de Senlis
Fondateur du Monastère de la Présentation de Notre-Dame

Extraite des Chroniques du dit Monastère.

AU LECTEUR.

Une religieuse inconnue nous a laissé un livre manuscrit, sous ce titre : *Chroniques du monastère de la Présentation de Notre-Dame, institué et fondé en la ville de Senlis, par Messire Nicolas Sanguin, évêque dudit lieu,* MDCLXXX. C'est de ce registre que l'on a extrait la vie de *Monseigneur Nicolas Sanguin.*

Voici les motifs qui m'ont rendu agréables les quelques labeurs que cette plaquette m'a coûtés. C'est d'abord la quantité de traits de mœurs locales que ces courtes pages présentent à la curiosité des érudits; c'est deuxièmement, la suave ardeur de piété que le souvenir de Nicolas Sanguin exhale pour le réconfort des âmes; c'est enfin l'importance spéciale que les esprits sérieux attachent aujourd'hui à tous les documents qui peuvent éclairer la question des anciennes écoles.

J'ai cru agir sagement en respectant jusqu'au mot à mot le texte des Chroniques; outre que ce style charme par sa naïveté, il est marqué d'un cachet de dévouement filial qu'il serait irrespectueux de briser. Une courte Notice sur le monastère de la Présentation et quelques *addenda* fourniront au récit un enchâssement utile.

PREMIÈRE PARTIE.

NOTICE PRÉLIMINAIRE SUR LE MONASTÈRE DE LA PRÉSENTATION.

I. Origines du monastère (1). — Messire (2) Nicolas Sanguin, issu « d'une maison patricienne de la Robbe », conseiller d'Etat, occupait, depuis trois années (12 février 1623), le siège épiscopal de Senlis, lorsque, « zélé pour la gloire de Dieu aussy bien que « pour le salut de ses diocésains .., il se sentit une forte inspi- « ration d'établir une religion de femmes pour vaquer à l'instruc- « tion des jeunes filles » (3). C'était continuer les traditions de ses prédécesseurs : Pierre de Treigny (4), Jean Calvi, Arthus Fillon, Guillaume Parvi, Pierre Chevalier, « *vir litterarum amore dignis-* « *simus* ». Il en conféra avec le P. Etienne Guerry (5), « Jésuite, à « qui il avoit fait sa confession générale lorsqu'il commença de « se donner tout à Dieu, et ce père qui gouvernoit sa conscience, « non content de louer son pieux dessein, luy proposa deux filles « dévotes dont il avoit la conduite, pour commencer cet établis- « sement : c'étaient Catherine Dreux et Marie Delacroix, natives « de Paris, lesquelles demeuroient ensemble ». M. Jaulnay (6), curé de Saint-Hilaire et vicaire général, les amena à Senlis le 28 novembre 1626, jour de l'octave de la « feste de la Présenta- « tion ». Après avoir reçu une très généreuse hospitalité « chez « une honnête veuve nommée Madame Boulart », puis habité un modeste logement « près du cimetière Saint-Rieul », elles obtin-

---

(1) *Chroniques*, etc., liv. I, ch. 1 à 3.

(2) Louis Archon : *Hist. ecclés. de la chapelle des rois de France*, p. 745.

(3) Conf. dans la *Monographie des rues, places et monuments de Senlis*, par l'abbé Eug. Müller, les Chapitres Collège, Ecole, Evêché, Notre-Dame.

(4) Pierre de Treigny (Treigny est un bourg près d'Auxerre) a composé un règlement très intéressant pour la direction des écoles de Senlis.

(5) Guerry. Est-ce Gury ?

(6) Jaulnay (Charles), curé de Saint-Hilaire, puis doyen de Saint-Rieul, dont il fut l'annaliste sans autorité.

rent (mai 1627) de la libéralité de Messire Sanguin « la maison « de la *Belle Image*, rue de Meaux ». La *Belle Image* (1) était lors séparée de l'abbaye royale de Saint-Vincent par un tronçon de la rue étroite dite de la *Tournelle Saint-Vincent;* un carrefour, encombré de détritus puants et décoré du nom de *place de la voirie,* bornait sa vieille façade; le souvenir d'une prison voisine, des *Turlupins* (2) et des Huguenots (3), planait tristement sur le quartier.....

Il serait trop long de raconter ici : l'entrée dans l'ordre de Valérie Périgau, « native de la ville d'Halin, en Limoges »; de Henrie Bunel de la Bouïlle, en Normandie; de Marie Thirement, de Paris; de « damoiselle » Françoise Poulet, de Senlis (3 juin 1627); — « la cérémonie de l'entrée »; — les générosités de toutes

---

(1) Les liasses de vente « concernant la Présentation », que nous avons parcourues aux Archives de la préfecture de l'Oise, mentionnent à Senlis : « Rue des Bourdeaux ou des Turlupins (1678). — Concession faite par le « roi du *Cimetière des Réformés* (1685). — Quatre maisons rue du *Pié de* « *Bœuf* ou de la *Tournelle Saint-Vincent...*, maison de Guillaume Paslé, « rue du *Pied de Bœuf* » (1610). — « Trois maisons vis à vis les *Tournelles* « *Saint-Vincent. — Trou Mainguet* » (1653). — Hôtel Saint-Blaise, *rue des Vignes* (1679). — L'on y verra aussi : Transactions entre la Présentation et Nicolas, François et Henri de Cornouailles (1621-1653), — et entre la Présentation et Claude Bourdelin, époux de Madeleine Delamotte (1669). — Transaction entre la Présentation et M. Vizet, curé de Saint-Pierre (1626-1640), « à cause du service et autres cérémonies »; le curé de Saint-Pierre pourra célébrer la messe au monastère; la maison « lui fournira « honnestes ornements »; la procession de l'église Saint-Pierre y fera station; la messé y sera dite avant dix heures; le curé y fera les funérailles.

Certains actes *suprà* indiqués portent les signatures de Payen de Saint-Alexis, supérieure, de F. de Brouilly, dite Séraphique, vicaire, de S. F. Jeanson, dite de Saint-Scholastique..... — Conf. *Monographie*, etc. Ch. : Meaux, Prisons, Saintisme Alargent, Saint-Vincent, Tournelle, Turlupins, Voirie.

(2) Carrefour des Turlupins, « devant la rue des Vignes pour aller à « la Poterne » (Jaulnay). Il est probable qu'au XIVe siècle, quelques misérables, appartenant à cette secte, avaient choisi pour l'habiter ce coin de Senlis.

(3) C'était aussi le domicile préféré des Huguenots.

sortes qui affluèrent au couvent (deux dames donnèrent une partie de leurs perles « pour enrichir le soleil dans lequel on « expose le Saint-Sacrement) »; — l'introduction solennelle de la Clôture (24 juin), la Règle de saint Augustin et les statuts observés sous la direction de leur confesseur Jaulnay et de « Mathias « de Blinville (1), homme de grand exemple, d'une vie sobre et « fort retirée »; — l'évèque poussant la sollicitude jusqu'à fournir lui-même « la tourrière externe », laquelle était une fille de « Montlévêque, fort dévote et modeste, nommée Simonne Dieu, « et à enseigner à ses humbles filles les cérémonies et la mé- « thode de la Psalmodie ».

François Poulet, dont nous avons rencontré plus haut le nom, appartenait à une petite noblesse senlisienne, qui a fourni Pierre Poulet, seigneur du Port (1572), prévôt de la maréchaussée de France (1572), Philippe Poulet, seigneur de Saint-Symphorien, demeurant à Pontpoint (1600), etc.

II. Oppositions. — Les oppositions que tout dessein noble et surnaturel rencontre nécessairement ne devaient point manquer; elles vinrent du conseil de ville. « Après », ajoutent les chroniqueurs, « après que Monseigneur de Senlis eut acheté le premier « logis, il demanda au roi Louis XIII une place tenant à la Belle- « Image, où avoient esté autrefois les prisons de la ville, qui « pour lors n'étaient plus qu'une masure abandonnée..... » Le don de cette voirie et des constructions nouvelles excitèrent des hostilités telles, des « gouverneurs, échevins et principaux de la « ville », qu'elles eussent réussi à ruiner l'établissement naissant, sans les influences puissantes de Nicolas Sanguin et « sa « vigueur merveilleuse de caractère ». Que l'on me permette de raconter avec quelque détail cette histoire, toujours renouvelée des « chicanes » du formalisme contre le dévouement religieux...

« Plusieurs fois », racontent les chroniqueurs, « Messieurs de « Ville se transportèrent à la grille des sœurs pour les intimider, « disans que si elles ne se retiroient pas au plutôt, ils feroient « murer les portes du couvent, où elles seroient contraintes de

(1) Blinville, hameau dépendant de Ponchon, canton de Noailles. L'on trouvera parmi les échevins de Senlis, en 1617, 1618, Me Pierre de Blainville, avocat.

« mourir de faim; ou bien ils mettroient le feu aux quatre coins « de la maison. Ils s'oublièrent même si fort de leur devoir, que « souvent ils firent insulte à leur Evêque pour ce sujet. Ce digne « Prélat, qui d'une part souffroit ces injures avec beaucoup de « patience, faisoit de l'autre paroître une extrême fermeté pour « exécuter ses bons desseins, tellement que, sans avoir aucun « égard à toutes ces oppositions, l'an de probation de ces filles « étant accomply, il prit jour pour leur faire faire profession « solennelle qui fut un vendredy, feste de sainte Anne, vingt « sixième juillet mille six cens trente; ordonnant que le di- « manche qui devoit précéder cette cérémonie on publieroit, « dans toutes les paroisses de la ville, l'Indulgence plénière « concédée par le Saint Père en la bulle de l'institut. Et comme « Messieurs de Ville le menacèrent de s'attaquer à sa propre « personne, s'il procédoit à cette action, il leur répondit qu'il « sçavoit bien que la ville de Senlis tenoit à gloire de n'avoir « jamais fait de martyrs (1), mais que pour luy il se feroit un « point d'honneur d'estre le premier martyr de leur ville et de « mourir pour un si pieux et si bon sujet.

« Le jour destiné à cette cérémonie étant donc arrivé, il fit « faire profession aux six premières religieuses de cette maison, « sçavoir, à sœur Catherine de la Présentation..... Comme la « première desdites religieuses commençoit à prononcer ses « vœux, Messieurs les échevins arrivèrent à la porte du monas- « tère et y frappèrent d'une grande impétuosité; on leur ouvrit, « et voyant qu'ils ne pouvoient entrer dans la chapelle, parce « qu'elle étoit trop pleine, ils se contentèrent de dresser un pro- « cès-verbal et puis se retirèrent, faisant de rechef ces mêmes « oppsitions; neuf jours après, que Monseigneur de Senlis reçut « encore à profession cinq autres religieuses, sçavoir.....

« Que vous ont donc fait, disoit quelquefois le pieux Prélat « aux magistrats de la ville, avec un extrême sentiment de ten- « dresse, que vous ont fait ces pauvres filles, pour les tour- « menter ainsi? Elles n'ont que du zèle pour votre service et de « la tendresse pour vos enfans; elles sacrifient leur repos et

---

(1) C'était une sorte de proverbe qui tirait de la mort *naturelle* de saint Rieul un argument en faveur de la douceur des Senlisiens.

« leur vie pour vous obliger; et pendant que leur charité vous « jette des charbons ardens sur la teste, vous ne pensez qu'à « les exterminer. » Mais nous avons anticipé sur l'ordre des évènements.

III. BULLE D'URBAIN VIII. — Le 4 janvier 1628, Urbain VIII avait érigé le monastère « sous la règle de saint Augustin et le « titre de Présentation de Notre-Dame », par une bulle où il déclarait que lesdites filles..... « avoient commencé d'instruire « aux bonnes mœurs les petites filles par bons préceptes et en- « seignemens de la doctrine chrétienne et à leur apprendre à lire, « à écrire, tapisser, peindre et autres exercices honnêtes et sor- « tables à leur sexe, et que desjà de grands bien en estoient ar- « rivez à la gloire de Dieu et au profit des filles et femmes ». Que l'on médite ces programme et méthode d'enseignement que le sens religieux de nos pères avait tracés (1)..... Les religieuses de la Présentation, outre qu'elles recevaient les pensionnaires, distribuaient une instruction *gratuite*.

IV. DÉCÈS DE SŒUR DE GOUY. — PRISES D'HABIT, ETC. (2). — Tandis que M. Jaulnay conduisait à Notre-Dame de Liesse « les « deux premières filles de la maison », la sœur Marie-Michelle de Goüy mourait (9 mai 1629), à l'âge de dix-huit ans, entourée des soins paternels de l'Evêque. Marie-Michelle était fille d'Anne-Antoine de Goüy, seigneur d'Arcy, et de Charlotte Huault de Montmagny (3). « Elle avoit de l'esprit et étoit d'un riche naturel; « sa vertu, et singulièrement sa mortification, surpassoit la fai- « blesse de son âge..... Jamais elle n'avoit plus de joye que « lorsqu'on la reprenoit de quelque faute, remerciant humble- « ment les personnes qui luy faisoient cette charité..... Son « oraison étoit presque continuelle, et la dévotion qu'elle portoit

(1) Cette bulle est *in extenso* en cet endroit. — L'on sait l'opinion de Napoléon Ier sur l'éducation de Saint-Cyr.

(2) *Chron.*, liv. I, ch. 6 à 9.

(3) Gouy ou Goy, maison picarde près de Noyers-Saint-Martin, d'où sont sortis les seigneurs d'Arsy, canton d'Estrées-Saint-Denis, et, à l'époque de la Révolution, Louis Marthe, marquis d'Arsy, membre brouillon et vaniteux de la Constituante, condamné à mort le 23 juillet 1794. — Montmagny, à côté de Chambors. — Lattainville, canton de Chaumont.

« à la Sainte-Vierge étoit si grande, qu'on entendoit encore, « dans le temps de son agonie, rouler dans la gorge ces mots : « *advocata nostra* ».

Dix-huit prises d'habit (1629, 22 juillet, 2 août, etc.) adoucirent le chagrin que cette perte avait causé. C'étaient, entr'autres : Anne de la Motte Houdencourt, fille de Philippe de la Motte Houdencourt et de Louise Charlotte Duplessis Picquet (1); Claude Baillet; Anne Thirement; Antoinette de la Fond; Renaude Bonneville, qui revêtaient l'humble livrée de la Présentation, laquelle étoit deux robes de serge, une blanche dessous, une « noire dessus, avec la guimpe, le bandeau et le voile de toile « blanche ».

L'historien, désireux de plus longs détails, pourra lire dans les Chroniques les lettres-patentes du roi (fevrier 1630) ; la construction d'un mur qui enfermait l'ancienne voirie et le réveil des anciennes colères; « la vie et mort » (19 septembre 1631), de Marie de la Croix, âgée seulement de quinze ans. « Dieu », je cite encore les Chroniques, « l'avoit douée de plusieurs signalez avan- « tages. Elle étoit bien faite de corps, elle avoit beaucoup d'es- « prit..... et par dessus tout cela avait bien de la vertu..... On « l'a vue exercer en même temps les offices de vicaire, déposi- « taire, tourière, portière, conductrice des externes, dépensière, « robière, guimpière et assistante du parloir..... étant infati- « gable..... On la voyait rarement aller parmy la maison sans « estre chargée et porter du bois, de l'eau, ou quelque autre « chose de pesant, et, quand on vouloit l'aider en cela, elle « disoit avec un agréable soûris : laissez-moy faire, je suis l'asne « du monastère ». Suivent l'éloge de sa charité pour les malades, de son repos en la Providence, de son humilité. « Je me croirais « bien heureuse », disait-elle, « si je pouvois espérer d'être « un jour au ciel, aux pieds de toutes les Epouses de Jésus- « Christ ».

(1) Houdancourt, canton d'Estrées-Saint-Denis (Oise). — Conf. *Houdencourt*, seigneurie et paroisse, par l'abbé Morel, p. 15 et suiv., où vente de la ferme d'Houdencourt à la Présentation, entrée d'Anne de la Motte-Houdencourt au couvent et sa dot (13 mai 1629). — *It.* Coll. Afforty à la Biblioth. munic. de Senlis, t. v, p. 173 et suiv.

V. ARRIVÉE AU MONASTÈRE DE Mmes SANGUIN ET DE VIGNACOURT (1). — En lisant entre les lignes les *Chroniques*, l'on découvre aisément que les premières religieuses, Catherine Dreux, Marie Delacroix, etc., avaient apporté à leur œuvre sainte plus d'ardeur de zèle que de sens pratique : statuts défectueux imprimés à l'insu de l'ordinaire, caisse mise à sec..... Aussi, après un supériorat d'une année d'Anne David de Saint-Bernard (1631), Nicolas Sanguin « crut absolument nécessaire » de faire venir, avec un bref du Souverain Pontife et une autorisation du Provincial des Cordeliers, de l'abbaye du Moncel (2), diocèse de Beauvais, trois religieuses clarisses ou urbanistes, qui joignaient à une éminente piété la science du gouvernement des âmes. C'étaient Mmes Madeleine Sanguin et Marie Sanguin ou de Livry, sœurs de Nicolas Sanguin, et Elisabeth de Vignacourt (3). Nous n'avons point le loisir de relater avec quel cérémonial Mme de Rasse, femme du gouverneur (4), et Mme de Ferrières (5), sœur de l'Evêque, les allèrent quérir (9 décembre 1632). Abrégeons. Madeleine Seguin, dite de l'Annonciation, est constituée, par

(1) *Chroniq.*, liv. I, ch. 10 ou bref d'Urbain VIII; 11 où lettre du Frère Pierre le Franc, ministre de la province de France ; et 12.

(2) Abbaye de clarisses, à côté de Pont-Sainte-Maxence, fondée en 1309 par Philippe le Bel, et achevée par Philippe VI, qui, dit le *Gall. Christ.*, s'y retirait souvent avec la reine et vit trois demoiselles de la cour y prendre le voile. Les clarisses étaient partagées en urbanistes et en pauvres clarisses.

(3) Vignacourt ou Vinacourt, ancienne maison de l'Amiénois. Marie Lhuillier, mère de Marie de l'Incarnation, était alliée, dit l'abbé Corblet, aux Vignacourt (Hagiog., t. III, p. 187). A cette famille appartiennent Alof et son neveu, Pierre-Adrien de Vignacourt, grands maîtres de Malte (1601 à 1690); Adrien de la Viefville de Vignacourt, chevalier, littérateur (1712-1751), etc.

(4) Marquis Jean de Rasse de Saint-Simon. Il habitait, rue Bellon, l'hôtel du bailli que désignent encore des pilastres ornés de mascarons et d'attributs guerriers.

(5) Femme d'André du Laurens, sieur de Ferrières, premier médecin du roi Henri IV et son chancelier en l'Université de Montpellier. Les frères d'André furent faits archevêques, Honoré, d'Embrun (1600-1612), Gaspar, d'Arles (1603-1630).

l'Evêque, supérieure; Marie Pacifique, maitresse des novices; Elisabeth de Vignacourt, dite de Sainte-Marie, dépositaire.

VI. CONSTRUCTION DU COUVENT (1633). — DÉCÈS. — ORGANISATION PRÉCISE DES ÉCOLES, ETC. (1). — A la demande de Mère Madeleine, « le vénérable Père Ursin de Péronne (2), fort bon « architecte et fabricier », vient bâtir un côté du cloître et un dortoir (10 juillet 1633). — Un épisode parmi beaucoup d'autres : « Comme un jour on élevoit une pierre pour l'entablement avec « une gruë, un manouvrier étant en haut du bâtiment qui est « de quatre étages, pour la poser sur le mur, cette pierre lui « échapa des mains et tomba dans le jardin, aux pieds de plu- « sieurs ouvriers qui tailloient de la pierre, entraînant avec soy « ledit mannouvrier, qui tomba droit sur ses deux pieds sans « être aucunement blessé, demeurant seulement un peu étourdy. « Les autres ouvriers le voyant tomber, s'écrièrent tous d'une « voix : Miséricorde! Voilà un homme mort! Mais le voyant de-

(1) *Chron.*, liv. I, ch. 13 à 17.

(2) « Le quatrième octobre de cette année (1652) est décédé le véné- « rable Père Ursin de Péronne, prêtre capucin, dont la mémoire ne doit « jamais estre effacée de l'esprit des religieuses de ce monastère..... « dont les pierres qui le composent leur doivent servir de marques « perpétuelles des grandes obligations qu'elles luy ont, en ayant luy- « même dressé tous les dessins..... Il en a aussi pris le soin et toute « la conduite avec grand travail, s'y portant d'un zèle tout extraordi- « naire S'étant souvent transporté sur les lieux d'où on faisoit venir les « matériaux pour en reconnaître la qualité, et juger de la bonté et du « prix des choses, avec grand égard qu'on les livrât fidèlement. Il avoit « continuellemet l'œil sur les ouvriers et sur l'ouvrage, à ce qu'il eut la « perfection rapportante à ses desseins..... C'estoit un très vertueux « religieux, fort paisible, jamais on ne luy a entendu dire une parolle « plus haute que l'autre, parmy tout le fracas des bâtimens, ce qui « maintenoit les ouvriers en paix par ensemble, et dans le respect à « l'égard de sa personne. Monseigneur de Senlis en faisoit grand état, et « lorsqu'il parloit de luy, il disoit que le Père Ursin étoit un saint, qu'il « n'avoit jamais vu un religieux plus humble que luy. Et quelquefois, en « luy parlant, il prenoit les mains de ce bon Père entre les siennes, di- « sant : Voilà des mains qui brilleront quelque jour dans le Paradis. » — Les Cordeliers avaient été établis à Péronne, dit-on, dès 1222. *Chroniq.*, liv. II, ch. 8. Conf. *Monographie*, etc., au mot de la table : *Architectes*.

« meurer debout sur ses pieds, sans vouloir même s'asseoir, ils « dirent que c'estoit là un miracle tout évident, etc. » — Décès (29 avril 1634) de sœur Anne de la Mothe de Houdancourt, dite de Saint-Nicolas, « dans une grande odeur de vertu » : c'était une des quinze enfants de Philippe de la Mothe-Houdancourt et de Louise-Charles du Plessis-Picquet.

Le mois d'octobre 1635 fait date dans l'Histoire des Ecoles de Senlis, car sept religieuses professes sont consacrées officiellement à l'instruction des externes. L'on remarquera qu'aujourd'hui des écoles beaucoup plus chargées d'enfants et de programmes, depuis l'alphabet jusqu'au certificat d'études, n'ont que les deux tiers de ce personnel enseignant. Ces classes procurèrent « une grande satisfaction des cytoiens qui envoyèrent » volontiers leurs filles », et de l'évêque qui « regardoit d'un « visage content cette multitude de jeunes filles, disant que « c'estoit autant de bonnes âmes, qui en se sauvant seroient « aussy cause de celui de plusieurs autres par leurs bons exem- « ples..... » (1). — Le couvent obtient, le Père Honoré de Cunières, provincial des Capucins, ayant levé les difficultés, que les trois clarisses prêtées par le Moncel fassent enfin profession de « l'Institut de la Présentation ». — Le 29 mars 1639, l'évêque avait posé la première pierre de la chapelle, avec « une grande « joie de songer que ce lieu, le plus infâme de la ville, une « voirie..... (2), seroit changé en un lieu de bénédiction ». — Première élection d'une supérieure, laquelle sera Mère Madeleine, « en présence du P. Julien de Montmirel (3), gardien du couvent « de Senlis, et du R. P. Martial de Rion, lecteur de théologie au « couvent de Saint-Honoré de Paris ». « Ce grand homme », dit l'auteur des Chroniques, en parlant de Nicolas Sanguin, « non

(1) *Chron.*, liv. II, ch. 10.

(2) *Viaria*, voirie, synonyme de *geola*, geole (Mémoires du Com. Arch. de Senlis, 1875, p. LXXXIII).

(3) Je réunis ici les noms des Capucins qui sont nommés dans ces pages, en indiquant par la lettre S ceux d'entre eux qui appartenaient au couvent de Senlis : Antoine de Paris S, François de Villeneuve S, Honoré de Champigny, Honoré de Cuinières, Ignace de Mantes S, Julien de Montmirel S, Martial de Riom, Médard de Compiègne, Nicolas d'Amiens, Pacifique Potel, Paschal d'Abbeville, Vincent de Beauvais S.

« content de nous avoir établies, a toujours voulu luy-mème « présider à nos élections et faire les visites ordinaires du mo- « nastère ».

VII. Supériorat de Mère Madeleine, etc. (1). — Avec l'année 1639, c'est une remarque du rédacteur des Chroniques, cesse « l'enfance spirituelle de la maison ». — Plusieurs décès. Outre l'austérité du régime et les fatigues des classes, le manque d'air et de lumière abrégeait la vie. « Le nombre des religieuses aug- « mentant de jour en jour et le monastère étant d'une si petite « étendue qu'il n'y avoit pas quasy de jardin, joint qu'un voisin « du costé de la campagne avoit fait élever un bâtiment, qui « leur avoit osté l'air qu'elles avoient de ce costé là, il en mourut « plusieurs en fort peu de temps ». C'étaient « Catherine Dreux, « filleule de Mlle Lionne (2) (18 octobre), dont le R. P. Martial, « capucin, a attesté les vertus éminentes. Sa dernière parole fut « celle-ci : Oh! qu'il est doux de mourir pour Dieu. A sa mort « on ne lui a rien trouvé qu'une croix de cuivre pleine de reli- « ques, pendue à son col ».

Deuxième élection de Mère Madeleine, en présence de M. Jaulnay, doyen de Saint-Rieul, et du R. P. Vincent de Beauvais, gardien du couvent des Capucins de Senlis. — L'église, édifiée grâce à saint Joseph (3), que Mère Madeleine « prit pour protecteur « spécial de cette entreprise », est dédiée le 19 novembre 1645. Elle doit à la charité des religieux de Saint-Maurice, Théodore de Bodinet, Louis Jolly, Jean Ravineau et Guillaume de Lerfret, des reliques des martyrs de la légion Thébaine (4). — Le grand

(1) *Chron.*, liv. XI, ch. 1 à 4. L'on trouvera dans la collection Afforty (Bibl. mun. de Senlis), t. V, 2632, 2869 : « Le 2 avril 1641, huit bouteilles « de vin à M. de Bouteville estant à la Présentation, et six bouettes de « confitures sèches à Mme de Bouteville ».

(2) Est-ce Isabelle Servien, sœur d'Abel Servien, femme d'Artus de Lionne, lequel, veuf bientôt (1611), embrassa l'état ecclésiastique et devint évêque de Gap en 1637?

(3) C'est une pieuse tradition que le monastère de Saint-Vincent a été l'un des premiers promoteurs du culte particulier que saint Joseph a reçu dans les temps plus rapprochés de nous.

(4) Conf. *Monographie*, ch. *Charité* et *Saint-Maurice*, abbaye fondée

vicaire, M. Playette, avait béni, le 16, deux cloches, lesquelles eurent pour parrains et marraines, l'une, le duc de Saint-Simon et Mme Louise de Cursol (1), marquise de Saint-Simon; l'autre l'abbé Denis Sanguin, chanoine de la sainte Chapelle, lequel devait succéder à son oncle sur le siège épiscopal de Senlis, et Mme Marie Viole, femme de M. de Gressy (2).

VIII. Autres élections de Madeleine Sanguin au supériorat, etc. (3). — Election le 25 avril 1646, en présence du révérend Père « Pacifique Potel, prédicateur et définiteur capucin ». — Décès de Charlotte de Meaux (4), dite de la Croix, fille de Messire Charles de Meaux, gentilhomme ordinaire de la chambre du roi, et de dame Catherine de Donon (15 janvier 1649); de Catherine Périgault (12 février); d'Anne Varin de Sainte-Monique (2 janvier 1652); elle était âgée de vingt ans, fille de M. Varin (5), « général de la monoye du Louvre, et de Jeanne des Jours »; d'Alis Bavard de Beauvais, tourière, « qui parlait peu et fort dis-« crettement ». — Nicolas Sanguin se démet de son évêché, le 14 janvier 1652, en faveur de son neveu, Denis Sanguin, lequel, après avoir été sacré le 14 janvier par son oncle dans l'église des Pères Jésuites de la rue Saint-Antoine, à Paris (6), fait sa

---

par saint Louis, à l'ombre de son château. en l'honneur des reliques des martyrs de la légion Thébaine.

(1) De Crussol, dans le Vivarais.

(2) M. de Gressy, de la famille des Lécuyer, de Picardie.

(3) *Chron.* liv. II, ch. 5 à 20.

(4) De Meaux, « intendant des maisons et affaires de Monsieur le conné-« table de France ».

(5) Jean Varin, né à Liège (1604), graveur en médailles, appelé à Paris par Richelieu, devint garde-général des monnaies, entra à l'Académie de peinture et de sculpture en 1664, et mourut en 1692, laissant quelques œuvres de vrai talent: poinçons de monnaies, statues, buste de Louis XIV. — Un Père Varin fonda avec Me Barat le Sacré-Cœur d'Amiens.

(6) Une plaquette manuscrite, que M. Verrier a eu l'obligeance de me prêter, et que j'attribuerais volontiers pour sa mauvaise rédaction à un amateur plus ardent que judicieux de nos antiquités, dit avec une pointe de malice sous le titre : *Frugalité apostolique:* « Denis Sanguin fut sacré « en l'église des Pères Jésuites, en présence de vingt-cinq évêques. Le

joyeuse entrée, selon les rites accoutumés, le 21 mars suivant. — Mort de Claude Baillet, qui fut assistée par le P. Médard de Compiègne, gardien des Capucins de Senlis; d'Anne de Saint-Bernard; de Marie de Goussencourt, « dite de Jésus, native de Grivène en « Picardie, d'où M. son père étoit seigneur (1) » (30 novembre « 1652.....; d'Anne Clément, « dite de Saint-Rieul, fille de « Jacques Clément et de Marie Guénot, honnestes bourgeois de Senlis » (4 février 1653); de Suzanne de Brouilly, « dite de « la Conception, fille de Messire Charles de Brouilly, seigneur « de Mesvilliers et autres lieux, et de dame Renée de Roche- « fort » (2) (19 février 1653).

Cette même année devait apporter au monastère un deuil plus grand encore par la mort du saint fondateur, laquelle, après avoir été annoncée « par quelques présages à la Révérende Mère « Pacifique et à une autre religieuse », arriva le 15 juillet. Voir *infrà*. — La construction de deux passages voûtés sous la rue de Meaux (1653), afin de réunir les classes au couvent, suscite de nouvelles colères de « Messieurs les échevins ». Le chancelier, passant par Senlis au retour du sacre du roi, prit en main cette affaire. — Mort de plusieurs religieuses : sœur Radegonde Collier, fille de M. Collier, secrétaire du roi, et d'Anne le Bel (3), âgée de vingt ans (12 octobre); de Catherine Puleu (4) (11 mai

---

« diner s'y fit aussi : ils se trouvèrent cent vingt à table et ils furent « traitez à la religieuse, chacun à part. Ils eurent chacun quinze plats, « si bien qu'à ce repas il y eut dix-huit cents plats ».

(1) Grivène, doyenné de Davenescourt, diocèse d'Amiens. — L'on retrouvera un Goussencourt en 1789 parmi les douze notables qui formaient le Comité permanent : Turquet, le doyen de Notre-Dame, Dubus de Préville, etc.

(2) Conf. *Monogr.* et *Arch. Dép.*, où François de Broully, sieur de Mesvilliers, tué à la bataille de Senlis, le 17 mai 1580; Charles de Broully, marié à Charlotte Saint-Pol (1617); Pierre de Broully, seigneur de Silly-la-Poterie et de Bouchoire, qui épouse Anne de Billy; N*** de Broully, chanoine de Noyon en 1723.

(3) Les Lebel appartiennent à la noblesse senlisienne.

(4) Pulleu. L'on trouvera à Senlis : Puleu élu en 1592, Adam Puleu, arpenteur du roi, Toussaint Pulleu (1628), M. Pulleu, lieutenant particulier. 1615.

1654); d'Elisabeth de Cullan (1), fille de M. François de Cullan, seigneur de Mousseaux en Bourgogne, et de dame Antoinette de la Fons; de Marie du Laurens (2), nièce de feu Monseigneur de Senlis (26 juin 1654).

IX. La sixième élection de Mère Madeleine indique comme assistants « M. Moreau, curé de Louvres, Maître François Henne-« quin, chanoine de la cathédrale et confesseur. — Sacres à la « Présentation de Monseigneur l'Evêque de Valence (3), par M. de « Ventadour, de la lignée de Lévy, cardinal de Bourges (4) (24 oc-« tobre 1655), et de M. d'Etré, évêque de Laon (5), par Monsei-« gneur l'archevêque de Bordeaux, son oncle (6) » (Avent). — Mort entr'autres d'Antoinette de la Fon (7) de Pont-Sainte-Maxence, de Marguerite Vigneron (14 mars), dite de Sainte-Scolastique, fille de Pierre Vigneron, honnête bourgeois de Senlis, et de Geneviève du Port (8), et sœur de Madeleine Vigneron,

(1) De Culant, dans le Berry, famille alliée aux de la Brosse.

(2) Voir page 8, note 5.

(3) Daniel de Cosnac (1655-5 juin 1687), d'une ancienne maison du Limousin, prélat plus mêlé aux intrigues politiques qu'adonné aux œuvres du zèle, archevêque d'Aix en 1687, aumônier d'Henriette d'Angleterre, auteur de *Mémoires* fort intéressants. Le nom de Cosnac est représenté aujourd'hui par le vicomte de Cosnac, marié à Mlle de Sabran-Pontevès, dont la fille Gabrielle-Marguerite de Cosnac a épousé le marquis Georges d'Isoard de Chénerilles.

(4) Anne de Levis de Ventadour, archevêque de Bourges et abbé commendataire de Saint-Martin-aux-Bois.

(5) César d'Estrées, né en 1628 de François-Annibal d'Estrées, maréchal de France, et de Marie Béthune Charost, qui laissa la pourpre cardinalice pour l'abbaye de Saint-Germain-des-Prés, sut garder, à côté d'un grand zèle de la vérité catholique, une sage modération, réconcilia avec Rome les évêques jansénistes d'Aleth, de Beauvais, de Pamiers et d'Angers, hâta la condamnation des erreurs de Molinos, etc.

(6) Henri III de Béthune-Charost.

(7) De la Fons.

(8) Conf. *Monogr.*, au mot Vigneron, et Vie de Madeleine Vigneron, par Mathieu Bourdin, religieux minime, 1689, lequel dit que « Geneviève « Duport était de Crespy-en-Valois, d'une famille assez considérable en « ce pays là. »

« dont la vie toute sainte a esté mise en lumière par son direc-« teur. Il y est dit fort au long que Marguerite, après avoir été « deux ans dans le Purgatoire, apparut à Madeleine, etc. » — Acquisition d'une ferme à Barbery. — Octrois royaux, grâce à M. Sanguin, maître d'hôtel ordinaire du roi. — Mort (4 février 1660) de Catherine Fieffé, dite de Saint-Bernard, native de Senlis; le 18 mars, de Catherine de Conty, dite du Calvaire, native de Roquencourt en Picardie. — Le 20 mai 1661, les religieuses souscrivent à la formule de foi, suivant la constitution des Papes Innocent X et Alexandre VII. — Guérison de sœur Varin, que les médecins Isoré et Fieffé avaient condamnée, par l'attouchement de la sainte Epine (1661), qui était gardée à Notre-Dame de la Victoire. — Madeleine Sanguin refusant, à cause de son grand âge, de porter plus longtemps le fardeau du supériorat, Marie Sanguin, dite Pacifique (1), la remplace après une élection (12 avril 1662) que présidait Monsieur de Senlis, assisté du R. P. Claude de la Mesche, jésuite, etc. C'était un choix que tout conseillait : Marie « était tellement née pour le commandement que toutes les Dames de la célèbre abbaye de « Montcel lui ont offert plusieurs fois la qualité d'abbesse per-« pétuelle du monastère ».

X. Supériorat de Mère Marie Pacifique (2). — Chapelle de l'infirmerie, chambre du prédicateur, parloirs, etc., construits. — Mort (1670) de Madeleine Sanguin : cette femme remarquable était née en 1591. Après avoir été confiée, à l'âge de quatre ou cinq ans, à sa tante, puis à sa cousine, abbesse de Saint-Antoine, reprise par sa famille trois ans après, conduite, elle avait alors quatorze ans, au Moncel, où elle avait une tante religieuse, mêlée à la vie du siècle pour éprouver sa vocation, elle revint définitivement à l'abbaye du Moncel, à dix-sept ans, prendre l'habit de Sainte-Claire. Profitant des visites que les Capucins de Senlis faisaient à l'abbesse, laquelle était la sœur du cardinal de

(1) Elle avait, avec Philippe de la Mothe Houdencourt, tenu sur les fonts, à Houdencourt (20 octobre 1610), Jacques de la Mothe Houdencourt, qui fut un militaire d'une bravoure et d'une intelligence rares. (*Houdencourt*, etc., par l'abbé Morel, p. 48.)

(2) *Chron.* liv. II, ch. 20, et liv. III, ch. 1-7.

Pellevé, pour chercher un remède à des scrupules « qui ne pro-« cédoient pas tant d'opiniâtreté que faute de direction », elle sollicita les conseils du P. Gardien de Senlis. N'était-elle point « la belle-sœur de Monsieur du Laurens, premier médecin du « Roy, lequel avait eu un frère qui était mort provincial parmi « les Révérends Pères Capucins ? » Plus tard, d'autres vénérables Capucins apportèrent leur collaboration à l'œuvre de sa haute piété : « le bienheureux » P. Honoré de Champigny, qui « luy a « prédit son changement de maison », le P. Paschal d'Abbeville, le P. Honoré de Cuinières, etc. — Les Chroniques de la Présentation racontent ensuite avec détail la méditation fréquente qu'elle faisait des souffrances de Jésus, ses dégoûts intérieurs, sa patience à supporter mille persécutions aussi odieuses que mesquines, ses aumônes qualifiées d' « indiscrètes », sa vie parfaite au milieu d'un couvent que Madame de Villemontée (1), abbesse de Saint Marceau-lez-Paris, « visite sans pouvoir y rien faire ». — L'on a déjà vu comment Mademoiselle de Livry, après être demeurée trente ans en qualité de sœur, puis de maîtresse des novices, à l'abbaye du Moncel, fut appelée à Senlis pour donner une forme vigoureuse à la communauté naissante de la Présentation. Elle avait un « abord facile et honnête, mais il avoit « néanmoins assez de force et de gravité pour imprimer égale-« ment du respect et se faire aimer ». Sa manière d'agir était « sincère et pleine d'une candeur et d'une naïveté qui ne con-« naissait aucun détour ». Elle était admirable de patience, ayant été malade « durant quarante ans ». Les recommandations suprêmes qu'elle légua en mourant à ses sœurs étaient celles-ci : La fuite de toute vanité, l'obéissance aux règles, la paix fraternelle et l'aumône. Bref, quand elle mourut, à l'âge de quatre-vingt-trois ans, assistée par le R. P. Ignace de Mantes, gardien des Capucins de Senlis, « chacun n'hésita point à l'honorer « comme une sainte ». Son inhumation eut lieu le 30 décembre 1670. — 12 décembre 1672, mort de Marguerite Jacob, en religion dite de Sainte-Geneviève, fille de M. René Jacob, sieur d'Esplu-ches (2), et de dame Claude Amelin, âgée de vingt-sept ans. Mar-

(1) M. de Villemontée, maison d'Auvergne.

(2) Est-ce Epluques, canton de Songeons ?

guerite était suivie dans la tombe, le 11 janvier suivant, par Marie le Bel (1), sœur des Anges, fille de Messire Jean le Bel, conseiller de la Cour des Aides de Paris, et de Me Elisabeth Gelée, laquelle, confiée au monastère « dès l'âge de six ans », et admise au noviciat à quinze ans, s'éteignit « dans la pureté des Anges ».

XI. — Le 28 janvier 1674 prit à la communauté Mère Marie Pacifique Sanguin; elle avait été élue supérieure cinq fois. « C'est », disent les Chroniques (2), « c'est presque assez faire « son éloge de dire qu'elle a eu grande part à tout ce que ces « deux rares personnes », Nicolas et Marguerite Sanguin, « avoient « de merveilleux et pour la force d'esprit et pour l'habitude des « vertus ». Pensionnaire fort jeune aux Ursulines de Paris, « petit « prodige aïant eu même l'honneur de déclamer avec succès « devant Leurs Majestés les reines Marie de Médicis et Marguerite « de Valois, qui visitèrent quelquefois cette pieuse congréga- « tion », ramenée bientôt au logis pour l'amusement de son père, elle montrait alors plus d'amour de la liberté que de penchant à la piété. Mais sa mère l'ayant mise « par raison », à quatorze ans, au Moncel, où elle avait sa tante et sa sœur, « elle « s'exécuta gracieusement » pour montrer davantage encore « son « grand esprit naturel, sa facilité persuasive d'élocution, une « passion des livres, qui les lui faisoit dévorer le jour et la nuit ». Dieu se servit de ce penchant pour conquérir cette âme, car la vie de sainte Agnès, qui lui tombe sous la main dans une maladie, lui inspire pour cette illustre martyre une dévotion qui se traduisit pratiquement par une vie toute nouvelle. Il serait trop long de raconter à la suite des Chroniques la santé délicate de Marie Sanguin, sa probation, la façon merveilleuse avec laquelle elle remplit sa charge de maîtresse des novices, ses rudes mortifications, son humilité profonde, son désintéressement, son énergie inflexible alliée à une exquise douceur, sa charité tendre pour les souffrants, sa foi ardente. Après une première grave

---

(1) Un Louis le Bel, seigneur de Brenouille, de la Boissière, de Monvinet, de Cinqueux, maréchal des camps et armées du roi, avait épousé, le 9 juillet 1629, Louise de la Mothe Houdencourt, sœur d'Anne. Conf. *Houdencourt,* par l'abbé Morel, p. 45, et Monogr. Ch. Valjenceuse, château qu'habitèrent les le Bel.

(2) *Chron.* liv. III, ch. 8.

maladie où elle fut assistée par le Père Nicolas d'Amiens, Père provincial des Capucins de Senlis, elle oublia les soins que sa constitution épuisée et la vieillesse réclamaient, pour ne s'occuper que de l'avancement spirituel de ses filles et de l'embellissement du monastère, qui doit à ses derniers jours « le quatrième « costé du cloître », et « comme la lumière d'un flambeau qui « est près de son déclin jette plus de lueur..... aussi cette « aimable Mère, dans les dernières années de sa vie, donnoit « des exemples de vertu beaucoup plus éclatans encore ». Le mal l'ayant saisie de nouveau, « elle fit une trés humble confes-« sion généralle au R. P. François de Villeneuve, pour lors gar-« dien des Capucins de Senlis », et mourut bientôt, âgée de soixante-dix-sept ans, causant une douleur universelle pour « la « perte d'un si riche trésor ».

XII. — La biographie de Nicolas Sanguin n'exige pas que je suive plus loin que les *Chroniques* l'histoire du couvent de la Présentation. Qu'il me suffise d'attirer de nouveau l'attention de mes très patients lecteurs sur ces faits : le zèle que l'Eglise, à la façon de Dieu, a toujours témoigné pour la diffusion du véritable savoir : « *qui autem docti fuerint fulgebunt quasi splendor firmamenti* » (1); — l'activité que les évêques et les prêtres ont déployée pour l'établissement des collèges et des écoles ; — la non nouveauté de l'instruction gratuite (2) ; — le dévouement maternel que les religieuses de la Présentation ont apporté à cette œuvre ; — l'action puissante que plusieurs âmes fortement trempées dans la foi et la charité ont exercée pendant un siècle.

Maintenant le monastère de la Présentation, après avoir perdu dans les orages du temps son cloître, sa chapelle....., doit à la maison de Saint-Vincent, que la prière, l'étude et le vêtement des épouses du Christ continuent de réjouir ses antiques corridors et évoque le pieux souvenir de ses premières hôtesses.

(1) Daniel, XII, 3.

(2) Que l'on ne se méprenne pas sur ma pensée. La *gratuité* de l'instruction n'est qu'un mythe depuis que l'*universalité* de la gratuité a remplacé par un impôt qui pèse sur tous la libéralité particulière que l'on exerçait à l'égard de la partie moins fortunée des enseignés.

DEUXIÈME PARTIE.

MGR NICOLAS SANGUIN (1).

L'usage de faire des chroniques et de laisser à la postérité une connoissance fidelle du passé est quelque chose de si juste et de si raisonnable qu'il semble que Dieu luy-même a voulu se rendre comme le premier autheur de cette excellente prattique ; car, ayant révélé à Moyse tout ce qu'il avoit opéré en la création de l'Univers, il luy a commandé en même têms qu'il en fit un livre exprès, qui est le premier des Saintes Ecritures, où chacun peut lire l'exacte chronologie des siècles qui ont immédiatement suivy la naissance du Monde.

L'on doit encore tomber d'accord que Dieu, depuis ce têms-là, n'a jamais manqué de consacrer la plume de quelque Prophète ou de quelque Apostre, pour écrire successivement ce qui est arrivé de plus notable, soit dans l'Ancien, soit dans le Nouveau Testament, ainsi qu'il paroit dans les Livres des Juges, des Rois, des Paralipomènes, des Evangiles, des Actes, et de tous les autres Livres sacrez, qui sont proprement les fidèles chroniques de l'Eglise juive et chrétienne qui nous enseignent à tous ce que nous devons faire, en nous apprenant ce que nos prédécesseurs ont fait.

C'est donc sur ce parfait modèle et sur cette conduitte toute divine, que tous les Ordres religieux ont crû se devoir reigler, quand ils ont écrit leurs chroniques, jugeans bien que ces sortes d'histoires étoient extrêmement utiles à la postérité, parce qu'en faisant connoître la vie et les actions des fondateurs et des autres personnes qui leur ont succédé, c'est donner un puissant motif à tous ceux qui les suivent, de prendre l'esprit et d'imiter la sainteté de ces illustres personnages.

Et voyla pareillement ce qui nous a fait résoudre à coucher par écrit ce qui s'est fait de mémorable depuis l'établissement de notre Monastère; afin que les âmes Religieuses qui seront appellées de Dieu à embrasser notre Institut puissent avoir toûjours devant les yeux ce que Dieu a fait pour elles et les exemples de vertu qui leur

---

(1) Cet Abrégé de la Vie de Mgr Nicolas Sanguin est la Préface du manuscrit des *Chroniques du monastère de la Présentation de Notre-Dame*. J'ai cru bon, tout en respectant la phrase du manuscrit, de mettre une ponctuation et une accentuation plus exactes.

sont laissez pour les encourager à persévérer avec ferveur dans la religion et à servir Dieu avec plus de fidélité.

Mais comme la divine Providence a choisi un saint Evêque pour estre l'instituteur et le fondateur de nôtre Ordre; et que nous avons dans luy comme dans un parfait original, toutes les vertus que nous pouvons imiter; nous avons cru qu'il falloit mettre un abrégé de sa vie à la teste de cet ouvrage; et que c'estoit là ce qui méritoit mieux de faire la préface de ce livre que nous désirons estre uniquement à la gloire de Dieu. Nous dirons donc que ce grand homme tira son origine d'une famille aussi connue dans toute la France par le mérite de beaucoup d'Illustres qu'elle a produit, soit dans la cour, soit dans le barreau. Il vint au monde et prit naissance à Paris le du mois de jour de l'an de grâce.....

Son père fut M. Jacques Sanguin, seigneur de Livry et conseiller au Parlement de Paris lequel pour ses grands mérites, a esté fait et continué lon têms prévôt des marchands de cette fameuse ville. Madame sa mère fut Marie du Mesnil de Normandie, fille de M. le président du Mesnil, femme d'une rare vertu (1).

Il passa toute sa jeunesse dans une extrême délicatesse de corps et dans une recherche continuelle de ses plaisirs, ayant un naturel et beaucoup de penchant à une vie molle qui luy faisoit fuir toutes les actions où il y avoit de la peine, ne se portant pour l'ordinaire qu'à celles qui luy pouvoient causer de la joye, sans se soucier par trop si ces actions étoient des plus honorables et des plus chrétiennes. Ayant achevé ses études et appris le droit, il fut conseiller clerc au Parlement de Paris, d'autant qu'il étoit desjà chanoine de la cathédrale de la même ville, lorsqu'il achepta cette charge; ce qui toutefois ne le changea pas et ne luy fit pas quitter ses premières habitudes.

Par quelles voies mystérieuses Dieu prépara sa conversion (2). — Mais Dieu, qui le destinoit à quelque chose de meilleur et à une vie plus reiglée que celle qu'il avoit menée jusques alors, permit par sa

---

(1) Nous nommerons : Jacques, échevin de Paris, et dame Bouchot, sa veuve; — Nicolas, seigneur de Livry, conseiller au Parlement; — Jacques, marié à Marguerite Dumesnil; — Christophe (1618); — Catherine, dame de Tronchar; — Louis, etc. — Les armes de Sanguin étaient « d'azur à « la bande d'or, accompagné en chef de trois glands d'or, et en pointe « de deux pieds de griffon de même et de trois demi-roses d'argent, pé- « rissant dans les bords de l'écu ». — Voir sur les Sanguin Afforty, IX, 671, 933; XI, 5883. — Lebeuf: *Hist. de Paris*, t. II, 220 et suiv.

(2) Ces titres sont ajoutés par l'éditeur pour éclairer le texte.

Providence que, recherchant un jour ses plaisirs avec plus d'ardeur, il se trouva dans un péril évident de perdre la vie au même lieu où il pensoit trouver ses plus grandes satisfactions. Cet accident fâcheux fut bientôt suivi d'un autre, et, peu de têms après, il se vit surpris par des voleurs qui, l'ayant rencontré dans une forest, étoient tellement résolus de le tuer, qu'il n'échappa de leurs mains que par une espèce de miracle; car, étant destitué de tout secours humain, il s'adressa pour lors à la sainte Vierge et luy demanda sa protection, avec promesse que, s'il en recevoit les favorables effets, il iroit à Liesse tous les ans, afin de lui en rendre de très humbles actions de grâces. Cette délivrance miraculeuse fut comme le premier motif de sa parfaite conversion; car, renonçant dès lors à toutes ses vanitez passées et ne pensant plus qu'à se donner tout à Dieu, il commença de faire une confession générale de toute sa vie.

Prêtrise et épiscopat. — Et, après s'estre bien disposé à recevoir les Ordres sacrez, il fut fait Prêtre et vescut depuis d'une manière si sainte et si exemplaire, que Monseigneur le Cardinal de La Rochefoucaut (1), pour lors Evêque de Senlis, voulant se démettre de son Evêché, fit choix de ce pieux ecclésiastique pour s'en décharger sur luy, disant (comme par prophétie) que c'estoit celuy qui en étoit le plus capable et qui s'en acquitteroit le mieux.

Ce fut Monsieur le Cardinal de Richelieu (2) qui, étant encore en ce tems là Evêque de Luçon, le sacra Evêque de Senlis; et, comme si cette sainte onction eût opéré en lui ce qui se fit en Saül, lorsque Samüel le sacra Roy du peuple de Dieu, il se trouva changé dans un autre homme, tellement que, perdant dès ce moment tout le reste des mauvaises habitudes qu'il avoit contracté dans sa jeunesse, il se sentit avoir des inclinations toutes contraires et exceller particulièrement dans la Charité, l'Humilité, la Mortification, la Patience

---

(1) François de la Rochefoucault (1610-1622), prélat éminent en piété, en talents, en influence..... Conf. Vie du cardinal de la Rochefoucault, par le P. de la Morinière. — *Gall. Christ.*, t. II et III. — Afforty, t. III, 422; t. XI, 5911, 5941, 6017. — Louis Archon, qui dit de la Rochefoucault qu'il était « regardé comme le père des pauvres, le restaurateur « de l'Etat monastique et le modèle du clergé ».

(2) Ce fut, disent le Valois Royal et le *Gall. Christ.*, le cardinal de Sourdis, archevêque de Bordeaux. — Le cardinal de la Rochefoucault venait d'obtenir d'être déchargé de la charge de premier ministre, « après avoir proposé au Roy pour remplir cette place M. le cardinal de « Richelieu ».

et dans toutes les autres vertus ausquelles il avoit eü naturellement quelque répugnance.

Première entrée. — Après donc s'estre deffait de sa charge de conseiller de la Cour et avoir receü du Roy le brevet de conseiller d'Estat, il prit possession et fit son entrée solennelle à Senlis le sixième avril 1623, marchant à pieds nuds et observant toutes les autres cérémonies accoûtumées (1), avec une piété et une dévotion incomparable. Le même jour, après avoir fait faire une donnée générale à tous les pauvres qui se présentèrent à son hostel épiscopal, il visita les prisons (2) pour consoler et assister de ses aumônes ceux qui y étoient détenus, donnant jusques à son chapelet à un prisonnier qui n'en avoit point. Ensuite il se transporta à l'Hôtel-Dieu, visita tous les pauvres qui s'y rencontrèrent, leur donna l'aumône, les consola, et fit si bien voir qu'il étoit le père d'un chacun que, trouvant un malade tout en süeur et le considérant comme son propre enfant, il tira son mouchoir de sa poche et, après en avoir essuié le visage de ce pauvre, il s'en servit à son ordinaire, sans avoir aucune répugnance de cela, non plus que de la vermine qui parut sur ses habits, et au sujet de laquelle il dit ces belles paroles à ceux qui la luy montrèrent : ce sont là les perles que nous avons gagné à visiter les membres de Jésus-Christ Notre Seigneur. Dès le lendemain de son entrée, il recommença le mesme exercice de charité, et alla visitter tous les autres pauvres de la ville, particulièrement les pauvres honteux et malades, dont il s'informa très soigneusement et, après leur avoir fait l'aumône, les exhorta de se résigner à la volonté de Dieu, leur apprenant à profiter de leurs infirmitez par la patience, et leur disant que ceux qui souffrent le plus et qui sont davantage humiliez dans le monde, sont ceux qui seront les plus élevez dans le Ciel et les plus heureux dans le séjour de la gloire.

Soin des pauvres et des malades. — Ce digne Prélat emploïa plusieurs jours à ces sortes de visites et les continua toute sa vie, disant que les autres visites d'honneur et de civilité ne sont que de bienséance, mais que celles des pauvres et des malades sont d'obligation à un Evêque que Jésus-Christ a substitué en sa place pour en prendre le soin et les traitter comme ses propres enfans. C'est pourquoy, non content de connoître les pauvres de sa ville épisco-

---

(1) Accompagné de ses principaux barons de : Brasseuse, Raray, Survilliers, Pontarmé, etc. Conf. *Monographie*, ch. Evêché, etc.

(2) *Prisons* du Chapitre, place de Frambourg, de l'Evêché, de la Ville et du Roi. Conf. *Monographie*, ch. Prisons.

pale, il voulut encore s'informer de ceux de Crespy et de tout le reste de son diocèze, afin de subvenir à leurs nécessitez selon son pouvoir, ce qui le faisoit desja regarder de tout le monde comme un saint; car dans ces visites de charité qu'il faisoit chaque jour, il entroit quelquefois dans des lieux si infects, que ceux de sa compagnie n'y pouvoient pas demeurer; mais luy, d'un visage riant et d'un air agréable, s'entretenoit avec ces pauvres et avec ces malades autant de têms qu'il étoit nécessaire, soit pour les confesser, soit pour les consoler. On l'a vu souvent raccommoder leur oreillier, soûtenir leur teste de ses mains, essuier leur visage avec son mouchoir et leur rendre tous les services dont il pouvoit s'âviser. Il visita un jour une pauvre femme malade d'un flux de sang, qui n'avoit pour lit que la paille où elle laissoit tout aller sous elle, et la puanteur de ce lieu étoit si grande que ceux qu'il avoit amenez à sa suite n'eurent pas assé de force d'y entrer. Luy seul s'approcha de cette pauvre languissante, s'assit sur la paille où elle étoit, la confessa, la consola, l'exhorta à la patience; et, après lui avoir fait l'aumône, il sortit avec la même joye qu'il y étoit entré, ce qui édifia et ravit tellement cette pauvre femme, qu'elle ne pouvoit se lasser de publier à tout le monde une action si sainte et si héroïque. Il y avoit à Senlis un bon vieillard malade qui crachoit ses poulmons; nôtre pieux Evêque visitoit souvent cet homme, de la manière du monde la plus obligeante, car, entrant dans sa petite maison, il luy disoit toûjours avec un visage riant tout ce qui étoit capable de le consoler et de le porter à Dieu; il l'appeloit son bon père et son cher amy; il prenoit la peine d'accommoder son oreillier, et, quand il toussoit, il luy aidoit à se mettre à son séant, luy tenoit la teste et, lorsqu'il se détachoit une flegme de son estomach (ce qui étoit fort fréquent), cet incomparable Prélat luy présentoit ses mains sacrées, en luy disant : mettez là dedans, mon bon père, crachez hardiment; et quand ce pauvre malade refusoit de le faire par respect, il l'en pressoit avec des tendresses capables de ravir les Anges, et le forçant par les doux attraits de son immense charité, il lui répétoit : crachez, mon ami, crachez, mon bon père, dans ma main; ne craignez point, vous ne sauriez faire autrement. Et après avoir tiré la pourriture de la bouche du malade, il la luy essuyoit doucement avec son mouchoir, dont luy même se servoit ensuite, comme s'il eût esté tout blanc. Il a fait cette même action beaucoup de fois, cherchant partout les occasions de se mortifier et d'exercer sa charité envers le prochain, sans jamais vouloir écouter ce qui se disoit à sa loüange sur ce sujet.

Peste de 1625 et 1626. — Es années 1625 et 26, qui étoient quasy les premières de son épiscopat, la ville de Senlis se trouva fort infectée de la contagion ; et, d'autant qu'alors il n'y avoit point de lieu pour loger les pestiférez, on fut obligé de leur faire des loges de claies au milieu des champs, où ces pauvres malades souffroient toute sorte de nécessitez corporelles et spirituelles, étans abbandonnez d'un chacun. Notre charitable Prélat, en étant averty, eut le cœur touché de compassion, et voyant que personne ne se présentoit pour les assister, il se résolut de le faire luy-même, disant qu'il ne pouvoit pas les voir ainsy sans assistance, ny les laisser mourir sans confession, parce que Dieu luy en demanderoit compte au jour du jugement. « J'iray », dit-il, « et je les serviray moy-même »; puis il s'achemina vers le lieu de leur habitation oû il entra et y administra les sacremens à quelques pestiférez jusqu'à têms qu'un Père Capucin (P. Antoine de Paris) prît sa place, en se consacrant au service de ces pauvres malades. Le saint Evêque ayant vu le zèle de ce bon religieux et ayant la consolation de sçavoir que désormais ces pauvres malades seroient assistez pour le spirituel, il s'appliqua à rechercher un lieu plus commode, afin qu'ils eussent plus aisément leurs nécessitez corporelles. Et comme les Pères Capucins, qui étoient alors dans la campagne (1), voulurent bien céder leur couvent pour un bien public, ils se transportèrent à Saint-Lazare pour y faire leur demeure, où ce bon Evêque apporta luy-même le très saint Sacrement, et du depuis les dits Capucins ayant esté mis dans la ville (2), ce lieu de Saint-Lazare a esté par ledit Prélat fondé et estably en hospital général, au grand bien des pauvres et au soulagement de toute la ville; et des loges pour les pestiférez ont esté basties dans un autre endroit (3), qui sont des monuments perpétuels de son ardente charité ; aussy bien que la confrairie des Dames envers les pauvres honteux, dont il est le père et l'instituteur.

Encore de l'amour de Messire Nicolas pour les pauvres. — On peut dire enfin que sa charité n'avoit point de bornes envers les pauvres, aussi bien pour le temporel que pour le spirituel ; ils avoient tous leurs heures assignées pour recevoir leurs aumônes, chacun la demandant selon son besoin, non comme une charité, mais comme une rente qui leur auroit esté deuë, disant que les biens d'un Evêque étoient les biens des pauvres, et qu'il n'avoit en cela que la gloire d'en estre le distributeur. Voylà pourquoy, en son absence même, jamais les pauvres n'étoient éconduits, ayant toû-

(1) Au lieu dit l'*Aulnoye* ou *Bon-Secours*.

(2) Rue *Saintisme Alargent*.

(3) Au lieu dit *la Santé*.

jours soin de laisser de l'argent pour leur estre distribué ; et tous les domestiques étoient instruits de ce qu'il falloit donner à chacun. Outre les pauvres ordinaires, il donnoit pension à beaucoup de pauvres honteux, soutenant par ce moïen des familles entières qui auroient succombé sans sa charité. Il en payoit aucuns par les mains de ses officiers, et d'autres encore plus secrettement, par des personnes pieuses, pour ne pas donner confusion à ceux qui recevoient ses libéralitez. La Supérieure de la Présentation en a payé pour luy jusques à cent cinquante livres par an, à une seule personne qui les exigeoit à jour nommé, à la façon susdite, non comme une aumône, mais comme une rente qu'il a payée exactement jusqu'à sa mort. Allant un jour faire ses visites par les villages, comme il passoit proche d'une caverne il entendit une voix plaintive et, descendant aussytot de carosse, il entra dans ladite caverne où il trouva un jeune homme malade, destitué de tout secours; il en donna le soin à un habitant du lieu le plus proche, fournissant de quoy le bien traitter. Une autre fois, revenant de Paris, il mit entre les mains d'un curé de son diocèse la somme de six cens livres, et luy dit qu'il les employât à faire la charité qu'il sçavoit. Dans une autre rencontre il donna cinquante écus à une seule personne qui se présenta à luy. En un mot, il n'y a point de charité qu'il n'ait exercée envers le prochain, dans toutes les nécessitez de la vie, soit pour le spirituel, soit pour le temporel. Et d'autant que, suivant le conseil de l'Evangile, il tâchoit de cacher autant qu'il pouvoit, tout le bien qu'il faisoit aux pauvres, nous ne sçaurions en dire que ce peu qui est venu à nôtre connoissance et qui suffit pourtant pour mettre ce digne Prélat au rang des plus saints et des plus charitables Evêques qui l'ont précédé.

Son esprit d'oraison extraordinaire. — Son oraison mentale étoit presque sans interruption. Et souvent il s'y est passé des choses fort extraordinaires ; car, lorsque tous ses domestiques étoient endormis, il sortoit secrètement de sa chambre, et, marchant à petit pas, il entroit dans l'église cathédralle de Notre-Dame par une porte qui répond dans l'hôtel épiscopal (1), et là, se prosternant en terre, les bras étendus en forme de croix, il y demeuroit une heure entière en oraison et quelquefois même plusieurs heures, selon le rapport de son confesseur et des autres qui l'ont vu. M. Rochart, prêtre et sacristain de l'église de Notre-Dame de Senlis, eut une fois l'inspiration de se transporter, à l'heure de minuit, en ladite église pour voir si la

(1) A la chapelle dite aujourd'hui de Saint-Frambourg.

lampe qui brûle devant le Saint Sacrement n'étoit pas éteinte, et, comme il fut entré, il trouva vis-à-vis la porte du chœur une personne prosternée tout de son long, le visage sur le pavé et les bras étendus en forme de crucifix, de quoy il eut d'abord grande frayeur, mais s'étant un peu rassuré il approcha doucement et connut que c'estoit son Prélat qui persévéra dans la même situation sans se remuer aucunement, ce qui obligea ledit sieur Rochart de se retirer et de le laisser au même état qu'il l'avoit trouvé. Le portier de l'évêché, entendant toutes les nuits quelque bruit, se résolut de faire son possible pour découvrir ce que ce pouvoit être. Et, s'étant une fois levé, il apperçut son bon maître, sur l'heure de minuit, qui descendoit doucement de sa chambre et qui entroit à petits pas dans l'église, et ayant la curiosité de voir ce qu'il alloit faire il le suivit secrètement, et le vit en la posture susdite, ce que le dit domestique a protesté avoir remarqué beaucoup de fois. Monsieur Martin, chantre et chanoine de ladite église de Notre-Dame, qui a esté vingt ans confesseur de ce digne Prélat, a assuré que depuis qu'il a esté promeü à l'épiscopat, jusques à sa mort, il n'a pas manqué une nuit de faire la même chose, à moins d'être malade au lit, et qu'il demeuroit ainsy prosterné une heure entière, aussy bien dans les plus grandes rigueurs de l'hiver qu'en tout autre tems, pleurant et criant miséricorde devant le tribunal de Dieu pour ses péchez et pour ceux de ses diocésains.

Outre cette oraison de la nuit, il en faisoit encore régulièrement plusieurs heures tous les jours, car, selon la règle qu'il s'étoit prescrite, il se levoit sans manquer, à trois heures du matin, faisoit une heure d'oraison, et puis il alloit éveiller son aumônier et ses laquais, tandis que luy-même, pendant l'hiver, allumoit le feu et la chandelle, lorsqu'ils s'habilloient; il disoit ensuitte matines avec son aumônier, puis il assistoit à celles de l'église cathédralle et, après s'estre confessé, dit la messe, fait son action de grâces et recité les autres heures canoniales, il se retiroit dans son cabinet, pour vaquer de nouveau à la prière, aux lectures spirituelles et aux affaires de son diocèse.

Ordre de sa vie et de sa maison. — Sa maison était reiglée comme celles des religions les plus réformées : il y vivoit en communauté avec ses ecclésiastiques. La lecture se faisoit pendant le repas ; luy-même la faisoit et servoit à son tour, spécialement à la seconde table où les laquais et officiers de la cuisine prenoient leur réfection, en y gardant le même ordre qu'à la première, ce qui a continué jusqu'à sa mort, malgré ce qu'en ont pu dire les gens qui raisonnoient de cela, selon l'esprit du monde. Après quelques entretiens spirituels qui se faisoient ensuite du disner, il alloit visiter les pauvres et les malades, emploïant le reste du tems aux affaires occurrentes, et, après avoir soupé à l'heure marquée, chacun s'assembloit dans la chapelle, au son de la cloche, pour y faire de nouveau la prière et l'examen de conscience avant le coucher, et, comme si tant de prières et d'oraisons journalières n'eussent pas été suffisantes pour contenter ce saint homme qui ne respiroit autre chose que de s'unir à Dieu, il faisoit encore tous les ans une retraite de dix jours, pour ne penser uniquement qu'à ce divin objet, à qui il donnoit toutes ses affections.

Sa religion parfaite. — C'estoit de cet esprit d'oraison que procédoit en luy la haûte estime et la singulière vénération qu'il faisoit paroitre pour tous les mistères de nôtre religion, dont il vouloit qu'on ne parlât jamais qu'avec respect et suivant le stile de l'Ecriture Sainte, qui vaut mieux que toutes les vaines expressions de l'éloquence humaine. Il portait un grand honneur aux églises et lieux consacrez au service de Dieu ; il y étoit toûjours découvert et à genoux ou debout, hors le tems de la prédication ou dans les cérémonies qui obligent d'estre assis. Il regardoit avec peine de certaines chapelles désertes et abandonnées qui se voyent dans les campagnes, lesquelles ne servent qu'à la retraite des animaux, disant qu'il auroit mieux valu qu'elles n'eussent esté jamais édifiées que d'estre par après abandonnées à ces prophanations. Aussy, dans son diocèse, il n'a jamais permis à personne d'en faire bâtir dans les maisons ou lieux particulieurs qu'avec promesses d'y faire une fondation suffisante pour les faire subsister et y célébrer quelque messe par semaine.

Faisant ses visites aux églises, il avoit soin de regarder si elles étoient bien nettes ; et, quand il appercevoit des toiles d'araignées aux voûtes et aux murailles, après en avoir fait une douce remontrance, il ordonnoit de les faire housser sans retardement. Il visitoit aussy les ornements et vouloit que ceux qui servent aux autels fussent dans la décence et honnêteté convenable à la sainteté de leur usage, n'ayant pas tant d'égard à la richesse qu'à la propreté, disant que cela sert à rendre les divins mystères plus respectueux, qu'un prêtre tient la place du fils de Dieu à l'autel, et que jamais on n'y doit regarder la personne d'un homme, mais celle de Jésus-Christ, qui opère invisiblement les sacrez mystères que ses Ministres opèrent visiblement. Il vouloit que le divin service et toutes les cérémonies ecclésiastiques se célébrassent gravement, disant qu'il n'y a rien qui élève tant l'esprit à Dieu, ny qui excite plus à la dévotion que quand on entend un office bien chanté et que l'on voit des cérémonies faites bien régulièrement et avec modestie. Pour son regard, il avoit soin de les faire de la sorte, observant jusqu'à la moindre cérémonie, mais avec une gravité si grande que plusieurs personnes qui l'ont veu, dans sa chaire épiscopale et ailleurs, officier pontificalement, ont dit qu'il leur sembloit voir un autre saint Ambroise en sa personne, tant il imprimoit de respect dans les esprits, par l'esprit même qu'il recevoit de Dieu dans ses oraisons.

Sa mortification continuelle. — Mais d'autant que la sainte oraison est inséparable de la mortification, il seroit assez difficile de dire en laquelle de ces deux vertus notre digne Prélat a le plus excellé; car depuis sa conversion jusqu'à sa mort il a toujours vescu dans une si grande austérité et dans une mortification si générale que l'on peut dire que, s'il n'a pas surpassé, du moins a-t-il égalé les religieux les plus pénitens et les plus mortifiez. La discipline luy étoit journalière; la haire sortoit peu de dessus ses épaules; il couchoit sur la terre nuë deux ou trois fois la semaine, et il ne prenoit de repos la nuit que quatre ou cinq heures, qu'il interrompoit toujours pour faire oraison, comme nous avons déjà dit cy dessus. En un mot, sa principale étude, depuis sa conversion, a esté de se mortifier en toutes choses, ayant toujours vescu si frugalement, en se privant de toutes les viandes délicates et n'usant que de celles qui étoient les plus communes. Le linge et les habits dont il se servoit, et généralement tout ce qui étoit à son usage particulier, ne marquoit que l'austérité et la mortification; il se tenoit presque toûjours debout dans sa chambre et, pour cet effet, il fit faire exprès une table haute et proportionnée à sa grandeur, afin de pouvoir écrire tout droit. Nous avons déjà dit qu'il couchoit souvent sur la terre nuë, et lorsqu'il couchoit sur son lit, il prenoit la peine de le faire luy-même sans que personne en eût le soin, travaillant sans cesse, par ces austeritez du corps, à dompter les passions de l'âme et à assujettir l'esprit à la pratique des vertus les plus humiliantes et les plus mortifiantes.

Sa patience admirable. — Sa patience étoit admirable, car il recevoit avec joye toutes les contradictions, reproches, mépris et affronts comme s'il eût esté insensible. La Providence de Dieu a permis que la plupart des affaires qu'il a entrepris, même les plus saintes, et qui tendoient davantage à sa gloire, ont esté censurées, et, nonobstant toutes les contrariétez, il demeuroit dans sa douceur ordinaire, ayant toujours l'esprit tranquille et le visage joyeux, sans marquer la moindre émotion du monde. Plusieurs personnes, tant ecclésiastiques que séculières, se sont souvent emportées à luy dire des injures et l'offenser par des paroles extrêmement piquantes, pour lesquelles on le sollicitoit d'en réprimer l'insolence, afin d'en empêcher les suites. Non, non, disoit-il, laissons-les faire, c'est par confiance ce qu'ils en disent, et en parlant de la sorte ils parlent à cœur ouvert; voylà la manière dont j'aime qu'on agisse avec moy ces personnes me sont amies; ils me connoissent bien, ils me déchargent leur cœur avec franchise. Quelquefois il entendoit ses propres domestiques se mocquer de luy et contrefaire ses gestes et ses actions, sans qu'il leur ait jamais fait paroître qu'il les eût vu ou entendu. Assez souvent, passant près de la cuisine où ordinairement les valets sont ensemble, il les entendoit faire cent boufonneries de sa personne, et alors il passoit doucement afin qu'ils ne l'apperçussent pas et qu'ils n'en eussent pas la confusion. Comme il se portoit à la réforme de quelques religieux déréglez, il en reçut un jour de fort grands outrages et de fort mauvais traittements, sans dire autre chose à ceux de sa compagnie que ce peu de mots : Je prie Dieu que ces paroles et ces actions leur servent de motif pour rentrer en eux-mêmes et soient cause de mettre leur maison et leurs personnes dans le bon ordre et dans l'entière observance de leur reigle. Il oublioit si fort les injures qu'il traittoit avec les personnes de qui il en avoit reçu avec la même douceur, liberté et franchise que s'ils eussent esté ses plus intimes amis, et de la même manière que si jamais ils ne luy eussent donné le moindre mécontentement, et si quelqu'un vouloit lui en parler, il l'excusoit le plus qu'il luy étoit possible, disant qu'ils n'avoient pas eü de mauvaises intentions, tournant tout à leur avantage, et étant toujours prêt de les obliger dans toutes les occasions.

Son dévouement à l'Eglise et son zèle à déraciner les abus. — Il a eu un zèle incomparable pour soutenir la gloire de Dieu et les droits de l'Eglise, ayant témoigné plusieurs fois qu'il s'estimeroit heureux de mourir pour la défense d'une si bonne cause. L'ardeur qu'il sentoit pour le salut des âmes luy a fait supporter avec courage toutes les peines et fatigues qui se peuvent endurer. On luy vint dire une fois, au milieu de la nuit, qu'une femme hérétique et malade vouloit se convertir; il sortit aussytôt de son lit pour y aller, quoiqu'indisposé; et comme Messieurs ses parents qui étoient alors à Senlis, voulurent l'en empêcher, ils ne purent gagner autre chose que de luy faire différer cette bonne action jusqu'au point du jour, qu'il alla, malgré son indisposition, recevoir l'abjuration de cette femme à laquelle il donna l'absolution de son hérésie, et, l'ayant communiée, peu après elle décéda, bien convertie. Une autre fois au soir, bien tard, on l'avertit qu'une autre femme hérétique qui étoit aussy fort malade, demandoit d'abjurer son hérésie; il s'y transporta aussytôt, l'encouragea beaucoup dans son pieux dessein; il luy fit faire une confession généralle, et le lendemain ce digne Prélat luy porta le Saint Sacrement, accompagné du clergé, qu'elle receut avec une grande dévotion, édifiant tous les assistans par sa piété.

On a trouvé après sa mort, écrit de sa main, qu'ayant plusieurs fois parlé à une dame hérétique pour la tirer de son erreur, il n'avoit jamais pu rien gagner sur son esprit parce qu'elle étoit toujours fort opiniâtre et arrêtée dans son sentiment; mais enfin l'ayant un jour encore entrepris et luy ayant exposé nettement les vérités de notre foi sur les articles qu'elle contestoit davantage, elle luy répondit que s'il vouloit bien soûtenir tout ce qu'il disoit en présence de son ministre, peut-être que cela feroit quelque effet sur son esprit. Au même instant, le ministre entra inopinément au logis de la dame, ce qui donna d'abord quelque légère appréhension au bon Evêque, lequel toutefois, mettant toute sa confiance en Dieu, disputa contre le ministre sans avoir rien prémédité, et réussit heureusement à la gloire de Dieu et au salut de cette dame qui l'assura, dès ce moment, de son entière conversion; et peu de jours après elle fit abjuration de son hérésie, avec démonstration d'une grande joye.

Mademoiselle Brosse (1), quoyque jeune, étoit néanmoins si sçavante et si opiniâtre dans son hérésie, que plusieurs personnes fort douces avoient entrepris de la convertir, sans y avoir jamais rien gagné. Dès que Monseigneur de Senlis luy eut parlé, elle trouva ses raisons si convaincantes qu'elle en resta entièrement persuadée, quitta son hérésie, qu'elle abjura publiquement, et depuis a toujours vescu et est morte en bonne catholique. Les hérétiques avoient un prêche sur son diocèse, dans le village d'Haut-Mont (2), où ils

(1) « Noble homme Salomon de Brosse, architecte général des bâti- « ments du Roy....., seigneur du Plessis-Pommeraye », près de Creil, « et des fiefs de Saint-Quentin et du Coulombier », avait eu (1633) de son mariage avec Florence Métivié sept enfants : Paul de Brosse, architecte du Roy, qui demeurait à Verneuil; Anne, qui avait laissé veuf Jean de Gravel; Marthe, mariée à Henri Laulmonier, sieur de Varesnes; Marie, mariée à René de Saint-Martin, sieur de Torcy (canton de Songeons); Catherine, mariée à Gédéon de Petau, sieur de Molette; Madeleine, mariée à Pierre Leblanc, écuyer, sieur de Beaulieu (....-1633), puis à François Hotman, écuyer, sieur de la Tour (1635), et Judith, qui est dénommée, en 1633, « fille émancipée », et en 1640 femme de François de Brouilly, chevalier, seigneur de Canisy et Hombleux. — La demoiselle de Brosse, dont il est parlé dans la Vie de Nicolas Sanguin, est probablement cette dernière, Judith. Cet attachement à l'hérésie devait trouver une excitation dans le sieur de Beaulieu, qui était « ministre de « la religion prétendue réformée ».

(2) Aumont, village à quatre kilomètres de Senlis, dans la forêt.

venoient de tous les lieux circonvoisins faire leurs assemblées. Il arriva que le jour de Pasques 1633, comme on faisoit la procession de la paroisse, les huguenots se mirent au milieu de la rue et passèrent toutes leurs voitures à travers la procession, faisant des railleries des catholiques, qui se trouvèrent obligez de retourner sur leurs pas pour éviter un plus grand désordre. Le seigneur Evêque étant informé de tout par le curé et les habitans du lieu, il en fit ses plaintes au Roy, qui en conçut de l'indignation et fit raser le prêche qui n'a pas esté réédifié, ny leurs assemblées tenues audit lieu depuis ce têms-là. Je ne puis encore obmettre une action digne de son zèle et passer sous silence ce qu'il fit dans un village (1) de son diocèze, où tous les ans, un jour de feste, il se faisoit une foire qui servoit d'occasion à beaucoup de folies et de désordres qui se commettoient dans ce lieu, nonobstant les défenses qu'il en avoit fait plusieurs fois, ce qui l'obligea de s'y transporter luy-même, audit jour, et de remédier à ce mal par sa présence, quoyqu'on luy en fit insulte, et que des insollens, poussez de fureur, se jettassent sur son carosse comme pour l'assasiner, ce qu'il pardonna volontiers, voyant qu'il avoit la consolation d'avoir fait cesser le désordre. Il a aussy fait en sorte que tous les marchez francs qui se font à Senlis les derniers samedis de chaque mois, se fassent le samedi précédent, lorsque le dernier est empêché d'une feste chômable. Il faisoit luy même le catéchisme dans les villages, exhortoit et confessoit tous les pauvres qui vouloient venir à luy, et, à la ville comme aux champs, il estoit toujours prest, de jour et de nuit, de leur administrer les sacremens dans le besoin. Il se mesloit de réconcilier tous ceux qu'il sçavoit estre en inimitié, et souvent il a donné de l'argent pour satisfaire aux intérêts temporels qui étoient la cause de ces divisions. Il ne vouloit pas, dans ses visites de campagne, loger chez les seigneurs, afin que chacun eût un plus facile accès à sa personne et que le tout se fit à ses frais et dépens. Il avoit horreur de toutes les nouvelles doctrines qui de son têms se sont élevées en France, et il a fait tout son possible pour les extirper de son diocèse. Il a travaillé infatigablement à la conversion des hérétiques, et Dieu luy a fait la grâce, ainsy que nous venons de dire, d'en ramener plusieurs à l'obéissance de l'Eglise, comme aussi de convertir plusieurs personnes débauchées et abbandonnées à toute sorte de crimes. En un mot les mémoires de sa vie font foy que, depuis qu'il

(1) Saintines, où la solennité de saint Jean-Baptiste amenait des scandales de toutes sortes.

a esté évêque, il n'a presque passé aucun jour sans signaler son zèle par quelque action particulière qui alloit au bien spirituel ou temporel de ses diocésains, jusques à solliciter luy même les juges ou autres personnes d'authorité pour les affaires de ceux qu'il voyait destituez de support, notamment les prêtres et religieux qu'il protégeoit avec ardeur; et on l'a vü souvent aller à Paris pour s'emploïer à faire exèmter sa ville de gens de guerre, la soulager des tailles ou la faire délivrer de quelque affliction, entrant plus dans les intérêts de ses enfans que dans les siens propres.

Son dévouement à sa ville. — Ça esté par ce même zèle qu'il obtint du Roy, en 1638, l'établissement des jésuittes à Senlis pour l'éducation de la jeunesse, ce qui toutefois n'a pas eu son effet. Mais il a fondé et institué la maison de la Présentation pour l'instruction des filles, dont on voit de très heureux succès et dont nous parlerons amplement dans la suite du tems. Il avoit si fort à cœur cette instruction de la jeunesse que, dans la dernière visitte qu'il rendit à ces bonnes filles, il leur dit en les quittant que si jamais elles cessoient de faire ce saint exercice, elles feroient directement contre son intention et contre la fin de leur institution; qu'elles mangeroient en vain le fruit de tous ses travaux, et se rendroient indignes de tout le bien qu'il leur avoit fait. Ce même zèle le fit choisir en l'an 1633 pour travailler conjointement avec Monseigneur le cardinal de la Rochefoucaut à établir la réforme des religieux de l'abbaye de Saint-Denis en France, et à gérer les principales affaires du clergé.

Douceur de Nicolas Sanguin. — Sa douceur a esté incomparable et on l'a toujours vu recevoir tout le monde avec un accueil si honnête et si obligeant, que chacun prenoit confiance de s'adresser à luy pour toute sorte de besoins tant spirituels que corporels, et ceux qui l'ont fait en ont toûjours eü satisfaction, spécialement les pauvres et les affligez, à qui il donnoit sans cesse un si grand accez que la plupart venoient à luy comme à leur propre père. Et souvent on a vu des vilageois entrer dans le chœur de l'église cathédralle, pendant le service où il assistoit, et venir frapper à sa chaire pour l'avertir de les confesser, ce qu'il faisoit aussytôt avec une bonté sans pareille. Et lorsque des riches se présentoient au confessional, pendant ce têms-là, il les prioit d'attendre que tous les pauvres eussent fait, parce qu'ils n'avoient pas tant de loisir qu'eux pour faire commodément cette sainte action.

Son humilité. — Ce saint Prélat étoit doüé d'une humilité si grande que jamais on ne luy a rien vû faire par aucun motif de vanité ou d'amour-propre; il n'entreprenoit rien de considérable, sans conseil, et il avoit parmi les RR PP. jésuites, feillans et capucins de fort saints et habiles religieux qu'il consultoit en toutes choses. Cette même humilité, qui luy faisoit fuir toutes les grandeurs, luy a fait refuser deux archevêchez que le Roy luy a voulu donner en divers tems, à sçavoir l'archevêché d'Arles et l'archevêché d'Embrun; il passa même bien plus avant, car il prit enfin la résolution de se démettre de son archevêché de Senlis entre les mains de Monsieur l'abbé Sanguin, son neveu, qu'il avoit soigneusement élevé et qu'il sacra luy-même, en l'an 1652, dans l'église des Pères Jésuites de la rue Saint-Antoine, à Paris. Et après que ce digne successeur eut pris possession de l'évêché, il luy rendit tous les respects et toutes les soumissions imaginables, ne voulant plus prendre le pas devant luy, ny rien faire sans sa permission.

Amour de la pauvreté. — Il avoit un si grand désir de vivre en pauvre, qu'il n'avoit rien à son usage qui ne sentît la pauvreté et le mépris du monde. Le linge dont il se servoit pour sa propre personne étoit fort grossier et du plus commun, spécialement ses draps et ses chemises, comme il parut dans une grande maladie qu'il eut les premières années de son épiscopat où, lors qu'il reçut notre Seigneur, tout le clergé y assistant en cérémonie, on vit qu'il n'avoit que des draps de toille jaune à son lit. Ses habits étoient fort simples et d'étoffe de laine commune, et, pour un plus grand mépris du monde, il les portoit souvent rapiessez et ne les quittoit que lorsqu'on ne pouvoit plus les refaire. Il avoit deux soutannes, l'une dessus l'autre, dont la plus courte étoit toujours dessus; et lorsqu'on vouloit luy en parler, il disoit : Je suis habillé à la romaine et je suis comme je dois estre. On luy a vu porter assez lontêms une soutanne toute déteinte, dont les manches étoient d'une couleur différente du reste. Et à sa mort on a trouvé sur luy un haut de chausse et un pourpoint d'un rude cuir, attachez avec de grosses agraphes, comme en pourroient porter les dernières gens de la lie du peuple. Après la démission de son évêché, il disoit ordinairement que, depuis lontems, il avoit souhaitté de se voir dégagé de tout pour vivre en pauvre; que, par la grâce de Dieu, il alloit maintenant commencer, puisqu'à l'avenir il ne subsisteroit plus que par les aumônes qu'on lui feroit à l'évêché; que son dessein n'avoit jamais esté de demeurer toute sa vie chargé d'un diocèse; qu'il s'estimoit heureux de pouvoir mourir comme un bon et simple prêtre, bien soumis à son Prélat; et montrant Monseigneur de Senlis, son neveu, il disoit : Voylà mon superieur; je ne ferai rien dans son diocèse sans ses ordres. Et par effet une religieuse de la Présentation, malade à l'extrémité, l'ayant fait prier de la venir confesser, il luy demanda permission d'entrer dans la clôture et fit instance de l'avoir par écrit.

Son esprit d'obéissance. — Il a dit souvent qu'il auroit souhaitté d'estre religieux pour estre toujours soûmis et dans la pratique de l'obéissance, parce que la conscience de celui qui obéit est en sureté, et que c'est à celui qui commande de regarder si son commandement est juste et selon Dieu, vu qu'il luy en rendra compte; mais que celuy qui obéit n'a qu'à exécuter simplement ce qu'on lui ordonne, sans estre obligé de répondre de son action.

Mort de messire Nicolas Sanguin. — Il y auroit encor à dire une infinité d'autres choses que j'obmets, sur la vie et sur les vertus de ce saint Prélat, qui, après s'estre consummé de fatigues, de pénitences et d'austéritez, et qui après avoir si dignement fourny sa carrière, la termina enfin selon les ordres de la divine Providence, dont les secrets nous sont incompréhensibles, quoyque sa conduite soit toûjours avantageuse au salut des élus, dans les circonstances mêmes les plus extraordinaires qui arrivent au têms de leur précieuse mort.

Ce fut donc un mardi, quinzième juillet de l'année 1653, où nôtre saint Evêque s'étant levé à trois heures du matin, selon sa coutume, ayant récité l'office divin, fait plusieurs heures d'oraison mentale, et s'étant préparé pour dire la sainte messe, il fut obligé de se trouver au Louvre, où il étoit mandé avec plusieurs évêques, pour signer une lettre de remercîment à Notre Saint Père le Pape Innocent dixième, au sujet du bref que Sa Sainteté avoit donné contre la nouvelle doctrine de Jansénius (1). En sortant de chez lui, il donna l'aumône à tous les pauvres qui étoient à sa porte; il se rendit au Louvre, monta le grand escalier sans aide de personne et, s'entretenant dans une gallerie avec Messieurs l'archevêque d'Arles et les évêques d'Evreux et de Resne, se trouvant alors dans une parfaite santé, il perdit en un instant la parole et tomba entre les bras d'un de ces Prélats. Monsieur de Resne (2) luy donna aussytôt l'absolution, disant qu'il sçavoit bien que ce saint homme étoit toûjours en état de la recevoir, et depuis il ne montra plus aucun signe de vie, mourant ainsy au grand regret de tous les pauvres et de toutes les personnes qui avoient le bonheur de le connaître, spécialement de ses chères filles de la Présentation, chacun le pleurant comme son père et tout le monde le proclamant comme un saint.

---

(1) Bref *Cum occasione*, à la date du 9 juin 1653, donné à la demande de saint Vincent de Paul.

(2) Henri de la Mothe-Houdencourt. — Nicolas Sanguin avait 73 ans.

Opinion de sa sainteté. — Monsieur de Grenon, sçavant et pieux ecclésiastique, qui a dignement deservy des principales cures du diocèse et a vu quasy toutes les actions de Monseigneur de Senlis, depuis qu'il a esté Evêque, ayant esté lontems son promoteur et l'ayant accompagné dans une bonne partie de ses affaires, a dit à des personnes de confiance que, tous les jours, il admiroit les vertus de son Prélat et qu'il en avoit remarqué un grand nombre de très héroïques, depuis qu'il avoit le bien de le connaître et converser avec luy; mais surtout qu'il sçavoit spécialement une chose qu'on ne s'imagineroit jamais, laquelle, si elle étoit divulguée, il y auroit beaucoup de monde bien surpris et que chacun courroit en foule après luy, comme après un saint, mais qu'il étoit obligé d'en garder le secret, parce que ledit Seigneur luy avoit très expressément défendu d'en parler, ny de le révéler à qui que ce soit de son vivant; et d'autant que ledit sieur promoteur est décédé avant le seigneur Evêque, cela est cause que nous demeurons privez de l'édification d'un si salutaire exemple et d'un fait si extraordinaire. Une personne de qualité, ayant appris de quelle manière ce vertueux Prélat étoit mort, a dit ces parolles : Dieu a fait mourir subitement un saint pour ébranler les consciences criminelles de beaucoup de pécheurs qui se flattent d'une longue vie! Une autre a dit que l'Eglise avoit perdu en luy une de ses plus fermes colomnes.

Son extérieur. — Ce saint homme avoit pendant sa vie le visage beau, l'œil doux, vif et pénétrant, la taille bien proportionnée, plus grande qu'autrement; son naturel étoit agréable, civil et complaisant; son entretien fort honnête, doux et persuasif, ce qui le faisoit aisément insinuër dans les esprits et luy concilioit l'affection de tout le monde.

Voylà quel a esté le digne Prélat que Dieu a choisy pour estre l'instituteur et le fondateur de cette sainte maison, dont nous parlerons encore dans la suitte de ces Chroniques, selon les occurrences qui se présenteront.....

TROISIÈME PARTIE.

ADDENDA (1)

POUR COMPLÉTER LA BIOGRAPHIE DE MESSIRE NICOLAS SANGUIN.

I.

Messire Nicolas Sanguin expose aux magistrats de la ville et à ses filles de la Présentation l'importance des écoles religieuses.

.... Et pour lors (2) addressant sa parole à Messieurs de la ville, dont les principaux magistrats étoient présents, il leur dit qu'il y avoit du têms qu'il rouloit un dessein dans son esprit, sans le mettre au jour, mais que, ne le pouvant plus celer, il se sentoit pressé de leur ouvrir ce jour-là son cœur pour leur manifester. Puis il leur déclara que ce dessein n'étoit autre que d'ériger une religion qui seroit le bonheur de leur ville et attireroit abondamment les bénédictions du ciel sur toutes les familles; qu'à ce sujet il y avoit plus de six mois qu'il avoit fait venir de Paris ces deux bonnes filles (3), et que depuis peu ces autres s'étoient mises en leur compagnie pour les seconder; qu'il s'étoit résolu de les mettre aujourd'hui en clôture, parce que son intention, dans cet établissement, étant de glorifier Dieu en consacrant des âmes à son service et aussi pour leur utilité, parce que ces bonnes âmes s'occuperoient à instruire leurs filles en la crainte de Dieu et en la piété chrétienne. Là-dessus donnant essort à son zèle..... il fit une exhortation admirable sur le profit que cela apporteroit pour l'avancement du salut des âmes, en sorte qu'il tira des larmes des yeux à plusieurs des assistans, et luy même se toucha si fort que son visage en resta tout enflammé et trempé de ses larmes. Sur la fin de son exhortation, se tournant vers celles qui devoient estre renfermées, il leur dit qu'il les regardoit comme ses coadjutrices en sa charge, qu'elles luy aideroient d'en soûtenir la pesanteur

(1) Les onze premiers sont empruntés au texte des *Chroniques du monastère.*

(2) *Chroniq.*, liv. I, ch. 2.

(3) Catherine Dreux et Marie Delacroix.

par le soin qu'elles prendroient d'élever ces jeunes plantes ès bonnes mœurs du christianisme, faisant en cela l'office des apostres et du fils de Dieu même, qui n'est venu en terre que pour gagner des âmes à son Père.

II.

Bonté paternelle de Nicolas pour les religieuses de la Présentation ; il leur enseigne les cérémonies et le chant.

Ce bon évêque (1) visitoit presque tous les jours ces pauvres filles ; il venoit souvent leur dire la messe, les entendre en confession et les voir en particulier avec une bonté paternelle, que cela leur gagnoit le cœur... Il prenoit la peine de leur apprendre luy-même les cérémonies qui se doivent observer en la célébration de l'office divin, la manière de faire les inclinations, le ton et la méthode de la psalmodie (2), faisoit répéter les leçons devant luy, jusques à ce qu'on les dit comme il faut..... Quelques fois étant en leur église dans le têms qu'elles disoient l'office divin, il se donnoit la patience d'en observer les manquemens, qu'il marquoit sur son livre, et puis leur en faisoit le récit, et, pour ne pas leur donner de confusion, jamais il ne disoit cela par réprimande ; mais, avec sa douceur ordinaire, il les avertissoit que cela pouvoit provenir d'une trop grande abstraction d'esprit qu'il étoit bon de modérer, et, afin qu'elles eussent plus de facilité à bien chanter, il a luy-même pris la peine d'apposer des accens avec la plume sur chaque mot de leurs livres pour leur en marquer la véritable prononciation.

III.

Douceur du Prélat dans la direction des âmes. Estime qu'il faisait de l'observance exacte du règlement. Il recommandait l'esprit de pauvreté, la clôture.

Il (3) a pris un tel soin du spirituel de la maison que cela ne se peut

---

(1) *Chron.*, liv. I, ch. 3.

(2) La musique a toujours été en honneur à Notre-Dame de Senlis. « Une maison « contiguë à l'hôtel épiscopal et achetée cette année XII livres par le chantre « lui-même [Arnoul Salomon] et X semblables deniers d'or qu'il a donnés pour « acheter des revenus, seront appliqués à l'utilité des *enfants de l'Eglise* et d'un « *chapellain* ou *clerc expert dans l'art de la musique* (1349). » (Afforty, t. XVIII.)

(3) *Chron.*, liv. II, ch. 10.

exprimer. Son discernement pour connoître les défauts et sa prudence pour y remédier étaient admirables. Il ne laissoit passer aucune faute sans la faire remarquer, mais c'estoit avec tant de douceur et avec des parolles si cordialles qu'encore bien qu'il s'adressât à tout le monde, personne toutefois n'en recevoit de confusion, et les pénitences qu'il imposoit pour les défauts dont on s'accusoit à la fin de ses visites, n'ont jamais excédé un *Pater Noster*. Il n'a aussi jamais rien exigé d'elles que par cette même douceur et avec une certaine déférence qui augmentoit l'estime qu'elles avoient conçu de sa vertu. Pendant qu'il a fait leurs constitutions, il leur en a communiqué les chapitres à mesure qu'il en avoit dressé le projet, leur donnant liberté de luy exposer leurs difficultez dessus, et a eû la bonté de changer plusieurs articles, même d'en oster quelques-uns et d'en ajouter d'autres. Il recommendoit la pratique dé cette vertu de douceur, disant que Notre Seigneur est venu en terre pour nous l'enseigner, et lorsqu'il appercevoit quelque sœur pencher dans la sévérité, en l'excusant agréablement, il disoit que c'estoit par un grand zèle, mais qu'il tenoit de celui d'Hélie, que ce prophète avoit beaucoup de zèle pour la gloire de Dieu, mais qu'il étoit amer; qu'il valoit mieux imiter celui du fils de Dieu qui est bien plus doux; c'est celuy qu'il demande de ceux qui vivent dans la loi de grâce, c'est celui qu'il exige de ses épouses qui feront incomparablement plus de fruit par cette voye que par la rigueur.

Ce n'est pas qu'il voulut souffrir de relâchement en la moindre observance, soit des vœux, soit des régularitez, à quoi il vouloit qu'elles se rendissent indispensables, disant que l'austérité de leur institut consistoit en cela; . .qu'à la mort Dieu ne les jugeroit pas sur les grandes pénitences, mais bien sur l'obéissance exacte de leurs reigle et constitutions; qu'une religieuse de la Présentation mérite plus de quitter une lettre à moitié formée et un point à demy-fait, lorsque la cloche ou l'obéissance l'appelle à une autre fonction, que de jeuner ou porter la haire. Il loua beaucoup l'exactitude d'une de ses filles, laquelle étant au parloir, Monsieur son père qui étoit un honnête gentilhomme y survenant, elle en sortit pour aller demander permission à la supérieure de luy parler; de quoy ledit gentilhomme, s'étant fort piqué, ne manqua pas ensuite d'aller trouver notre pieux Prélat pour luy exprimer fortement le mécontentement qu'il en avoit. Mais le bon évêque écouta avec grande satisfaction les plaintes du père sur sa fille et luy répondit qu'elle s'étoit comportée en vraye religieuse de la Présentation, et que, bien loin de s'en fâcher, il devoit en concevoir de la joye, étant une grande preuve de l'estime qu'elle faisoit de la religion; pour son regard, qu'on ne luy pouvoit pas faire un plus grand plaisir que de luy rapporter de semblables actions de ses bonnes filles, qui marquent l'amour de leur vocation. Enfin le bon gentilhomme se retira tout adoucy et édifié, tant de son

Prélat que de sa fille. Il est à remarquer que cecy est arrivé lorsqu'il n'y avoit pas encore de règlemens par écrit.....

Il avoit un tel soin que l'esprit de pauvreté fut bien conservé dans la maison, qu'un jour ayant appris qu'il y avoit quelque sœur dans le monastère qui avoit en son particulier une cassette fermant à clef, porté du zèle de bannir du monastère toute occasion de propriété et obvier au désordre qui pourroit s'en ensuivre, il écrivit à la supérieure pour l'avertir d'y avoir égard et faire ouvrir en sa présence tous les coffres et cassettes qui se trouveroient dans la maison estre aux particulières, pour estre disposé de ce qui étoit dedans selon la volonté de ladite supérieure, avec défenses à toutes en général et à chacune en particulier, d'avoir aucune clef sans sa licence, sinon celles qui servent pour la communauté, avec obligation de les mettre entre les mains de ladite supérieure quand bon luy semblera. Par cette lettre il est aisé de juger le dépoüillement qu'il exigeoit de ces pieuses filles....., puisqu'il ne vouloit pas qu'elles eussent seulement une cassette en leur particulier, quoy que ce fût au têms auquel, n'ayant pas encore de cellules, elles manquoient même souvent de sièges pour mettre leurs habits pendant la nuit, ny d'autres lieux pour serrer leur livre de lecture que le chevet de leur lit; de quoy elles restoient toutes fort contentes, se sentant assez riches de ne posséder que Dieu et sa grâce.

Il vouloit encore qu'elles ne fussent pas moins exactes en l'observance de la clôture qu'ès autres régularités, et il s'y est toujours rendu fort rigide, tant pour luy-même que pour les autres, n'ayant jamais permis à pas une dame d'entrer dans le monastère, pas même à sa propre sœur ny autres parentes, disant que les clôtures des religieuses sont sacrées, qu'il les faut respecter et se soumettre aux Conciles qui les ordonnent. Quand Madame la duchesse d'Orléans (1) passa par Senlis, à son arrivée en France, l'an mil six cens quarante-deux, étant logée en l'hôtel épiscopal, elle témoigna au bon Evêque le désir qu'elle avoit d'entrer dans le monastère de ses bonnes filles de la Présentation ; il ne lui fit pas de compliment sur cette proposition, mais dans l'entretien il lui en fit adroitement faire stimule et ne laissa pas d'envoier à la supérieure permission par écrit de luy ouvrir la porte, en cas qu'elle y allât. Cette vertueuse princesse qui avoit la conscience fort délicate, visita les religieuses, mais elle se contenta de les voir à la grille de leur église, sans

(1) C'est Marguerite, sœur du duc Charles de Lorraine et seconde femme de Gaston d'Orléans. L'on sait la rude existence que mena Marguerite : épousée en secret (1632), partageant l'exil de Gaston, livrée aux haines de Richelieu et aux discussions des théologiens, elle attendit dix années (mai 1643) que l'Eglise et le roi mourant acceptassent définitivement la validité de son mariage.

entrer dans la clôture, disant que Monsieur l'Evêque luy en avoit fait conscience, que l'estime qu'elle avoit de sa vertu et de sa piété luy faisoit beaucoup respecter ses sentiments.....

Hors ses visites, il n'entroit dans le monastère que pour des choses absolument nécessaires... Une fois on luy voulut montrer des ouvrages de broderie qu'on faisoit pour l'église; sachant bien qu'il y avoit inclination, on les mit à ce sujet au milieu du cloître par où il devoit passer; il ne fit que jetter une œillade dessus, sans s'arrêter..... En ses visites, il montroit avoir grande satisfaction de trouver les dites celules uniformes et faisoit remarquer à ses assistans qu'on ne pouvoit pas faire distinction de la celule de la supérieure d'avec celle de la dernière novice. Il avoit grand soin de voir s'il n'y avoit rien de superflu; ayant une fois trouvé une petite écritoire fermée à clef dans une celule, il n'en sortit pas que la sœur qui l'occupoit n'eût ouvert ladite écritoire, dans laquelle il ne se trouva qu'une plume avec une feüille de papier, et demanda à la supérieure d'où vient qu'elle permettoit une clef à des particulières, n'ayant pas encore fait la constitution par laquelle il permet que les tables des celules puissent être fermées à clef.

IV.

Joie de Nicolas Sanguin à la pensée que l'église est bâtie sur l'emplacement de la voirie.

Mère Madeleine [Sanguin] proposa [la construction de la chapelle] à Monseigneur de Senlis (1) qui en donna volontiers une permission bien ample, disant qu'il avoit eu de la difficulté pour le premier bâtiment; mais qu'après y avoir remarqué une conduite toute particulière de Dieu, il espéroit que sa Providence ne reluiroit pas moins en celui-cy..... Il fit une grande démonstration de joye lorsqu'il sçut que la voirie étoit le lieu dont on avoit fait choix pour la construction de l'église, disant que ce dessein.... ne pouvoit avoir esté pris que par une inspiration de Dieu toute spéciale, qui vouloit estre honoré au même lieu où il avoit autrefois esté beaucoup offensé. Tout le tems que ce bâtiment a duré, chaque fois qu'il y alloit, il disoit estre surpris de l'avance qu'il y trouvoit, disant qu'il y avoit quelque chose de plus que les mains des ouvriers, qu'il luy sembloit voir les anges prendre leurs places durant leur repos et y travailler avec joye, dans la vüe que ce lieu le plus infâme

---

(1) *Chron.* liv. I, ch. 16.

de la ville, une voirie, le réceptacle de toutes les immondices, un lieu d'abomination où une infinité de crimes ont esté commis, seroit changé en un lieu de bénédiction.

V.

Encore des sentiments de Nicolas sur les instructions de la jeunesse : son importance, sa gloire, ses mérites.

Quand il visitoit les classes (1), il regardoit d'un visage content cette multitude de jeunes filles et disoit que c'estoit autant de bonnes âmes pour son diocèse qui, en se sauvant, seroient aussy cause du salut de plusieurs autres par leurs bons exemples. Et quand il parloit à ses filles de leur occupation à instruire la jeunesse, il ne trouvoit point de termes assez significatifs ny assez puissans pour en exprimer l'excellence, non plus que la satisfaction qu'il en recevoit. Il disoit que leurs classes étoient un grand moïen de salut pour plusieurs âmes, que, par leurs instructions, il étoit certain qu'il se sauvoit tous les ans dans son diocèse plus de deux cens personnes plus qu'il ne s'en sauveroit, parce que les instructions ne se terminans pas en la seule personne des enfans, mais passants aussy en celles de leurs pères et mères qui en profitent, elles sont cause en quelque façon de leur salut ; pour luy, qu'il appercevoit clairement le fruit de leurs instructions, en ces visites aux paroisses où il prenoit plaisir d'interroger la jeunesse, discernant, disoit-il, par leurs réponses, celles qui tiroient leur instruction des classes de la Présentation....., que tous les curez et les confesseurs luy disoient la même chose, et qu'assurément cet emploi [de pédagogue chrétien] est fort agréable à Dieu et luy procure une grande gloire et apporte beaucoup de mérites à celles qui s'y adonnent. Puis il leur disoit : Mes filles, vous ne voyez pas le profit que vous faites en cet exercice, c'est nous qui le voyons et Dieu vous le manifestera dans le ciel. Vous n'en avez à présent que la peine et le travail ; mais, dans le paradis, vous en sçaurez le prix et en recevrez de grandes récompenses. Et avec cela vous dites que vous n'avez pas d'austéritez? vous demandez qu'on vous en permette? Vos classes en sont une assez grande ; conservez vos forces et votre santé pour pouvoir y vaquer, car vous rendez plus de gloire à Dieu, vous faites plus de bien à l'Eglise et vous méritez incomparablement plus par là que vous ne feriez par toutes les pénitences imaginables. Dieu ne demande pas des religieuses de la Présentation tant de ma-

(1) *Chron.* liv. II, ch. 10.

cérations du corps, mais bien une grande simplicité et soumission d'esprit, un dépouillement entier de toutes choses, particulièrement du propre jugement et de la propre volonté ; et à bien prendre votre vie religieuse, c'est une pénitence publique ; votre habit est un habit de pénitence ; cette clôture dans laquelle vous vous estes volontairement confinées pour tout le reste de vos jours, comme dans une prison perpétuelle, le chant du chœur, l'instruction de vos classes, tout cela dit hautement et publiquement à tout le monde que vous faites pénitence. Et c'est ce que vous faites tous les jours. Vous voyez donc bien qu'en accomplissant vos fonctions avec fidélité, vous méritez beaucoup. Et avec cela soyez assurées que vous satisfaites à Dieu pour vos péchez, vous n'en devez pas douter, parce que vous avez autant d'avocats qui intercèdent pour vous auprès de luy, durant l'instruction que vous donnez aux enfans, qu'il y a d'anges destinez à leur conduite..... (1).

VI.

Avec quelle énergie et quel désintéressement Messire Nicolas Sanguin défend les intérêts de la Présentation.

Un jour que Nicolas Sanguin alloit faire la cour au roy Louis treize, au château de Chantilly (2), le roy luy dit qu'il avoit remarqué que jamais il ne luy avoit rien demandé ; il fit réponse que son évêché luy suffisoit, qu'il n'avoit pas besoin d'autre chose, et que s'il avoit quelque chose à demander à Sa Majesté, c'estoit la protection de ses pauvres diocésains et de ses bonnes filles de la Présentation.....

La première fois (3) que Monseigneur Sanguin visita ses filles de la Présentation, depuis sa démission de l'évêché de Senlis, il leur dit que dans le choix qu'il avoit fait de Monsieur son neveu pour remplir cette charge, après la considération des mérites de sa personne et des bonnes qualitez qui étoient en luy, il avoit beaucoup jetté les yeux sur elles et

---

(1) Il n'est pas nécessaire d'insister sur l'élévation, le sens pratique, l'éloquence vraie de ces conseils — « Dieu », a écrit le doyen Deslyons dans sa *Défense de la Véritable Dévotion envers la Sainte-Vierge* (1651), « Dieu a permis qu'en nos jours, « nous ayons veu former dans le sein de cette ville, un Ordre nouveau de Filles « de la Vierge..., et cela par l'entremise d'un Evesque à qui Dieu n'a pas refusé « les grâces et la sainteté dont il béatifie d'ordinaire les Fondateurs de Religion, « les Instituteurs de nouveaux Ordres ».

(2) *Chron.* liv. II, ch. 8.

(3) *Ib.* liv. II, ch. 10.

sur leur maison, espérant qu'il en seroit également et le supérieur et le protecteur, mais que pour luy, il en vouloit toujours estre le père, ce qu'il a bien montré par effet, ayant jusques à la mort entrepris toutes leurs affaires comme les siennes propres, en faisant luy-même les poursuites à ses dépens, sans qu'il leur en ait rien coûté, se rendant infatigable pour les assister en tout ce qu'il pouvoit, comme on peut voir encore par ce qui suit.

Le nombre des religieuses augmentant de jour en jour et le monastère étant d'une si petite étendue qu'il n'y avoit pas quasy de jardin, joint qu'un voisin, du costé de la campagne, avoit fait élever un bâtiment qui leur ayant osté l'air qu'elles pouvoient avoir de ce costé là, il en mourut plusieurs en peu de têms, le bon seigneur, en ayant compassion, acheta quelque petite maison et jardins tenant au rempar de la ville, pour leur faire un peu de jardinage. La supérieure dudit monastère demanda permission à Messieurs les échevins de bâtir une voûte sous la rüe pour y aller, ce qu ils accordèrent verbalement avec grande civilité. Mais d'autres échevins, leur ayant succédé, firent combler ladite voûte qui n'étoit qu'à moitié faite. Il arriva qu'en même tems les classes, où ces bonnes filles avoient coutume d'enseigner la jeunesse, tombèrent en ruine, lesquelles ne pouvoient pas se relever au même endroit, parce que c'estoit un lieu passant qu'on avoit accommodé, en attendant qu'on eût moïen d'en construire ailleurs ; il prit résolution d'en faire édifier à ses dépens, ayant avec dessein acquis quelques maisons scituées de l'autre costé de la rüe (1). Afin qu'il y eut un passage de communication et voyant que Messieurs les échevins s'y opposoient avec chaleur, il obtint encore la descente d'un thrésorier de France sur le lieu, lequel entra dans le monastère en la compagnie des deux seigneurs Evêques et de Monsieur le marquis de Saint-Simon, bailly de Senlis, suivis de plusieurs Messieurs de la justice et de bon nombre de cytoïens de la ville, pour voir et reconnêtre comme lesdites classes ne pouvoient pas être construites dans l'enceinte dudit monastère..... Ensuite de cette descente, ledit seigneur Evesque obtint aussy un arrêt du conseil privé qui donnoit pouvoir aux religieuses de faire deux voûtes sous lesdites rües, pour leur servir de passage aux deux acquisitions faites en leur faveur par ledit Prélat, moyennant douze deniers par an payables au domaine du roy. Il le manda à Monseigneur son neveu, disant que, dans peu de jours, il retourneroit à Senlis pour faire commencer le bâtiment des classes.

C'est de la sorte que ce bon Evêque a soûtenu et intenté plusieurs procez sans jamais y avoir esté poussé que par le seul motif de charité

(1) De Meaux.

à la gloire de Dieu et au soulagement des pauvres, puisqu'on ne peut pas remarquer en toute sa vie qu'il ait plaidé une seule fois pour son propre intérest. Et il faut encore dire à sa louange que, s'il a augmenté les revenus de son évêché, ce n'a esté que pour augmenter ses aumônes, d'autant qu'il est certain que jamais il n'en a fait pour cela plus de dépense, et que même ce qu'il a donné de bien au monastère de la Présentation a toujours esté pris sur ses propres épargnes.

VII.

Lettre de Nicolas Sanguin au sujet du décès de deux religieuses, Anne Varin et Alice Bavard.

De Paris, ce seizième janvier 1652 (1),

La bénédiction de Dieu soit avec vous, ma très chère sœur, en Notre Seigneur Jésus-Christ. Je n'ay pas manqué de prier Dieu pour les âmes de nos deux bonnes sœurs, desquelles vous m'avez appris le déceds. Comme elles ont communion avec nous, je m'assûre aussy qu'elles ne nous oublieront pas en leurs prières dans le ciel, où je me les imagine toutes deux placées en gloire. Elles y ont monté, l'une du chœur, et l'autre, de la conversation, et celle des deux qui l'aura plus fidèlement servy en sa vocation y prendra une plus haute séance. Ha! ma chère sœur, que le chemin est droit de la Présentation au Paradis! Autant d'âmes qui s'y élèvent de vôtre maison, autant de suffrages et intercessions qui s'y multiplient pour elle et la comblent de plus en plus de saintes bénédictions. Voylà ce qu'opère entre les sœurs l'union et la concorde, que la mort ne délie jamais, bien qu'elle désassemble les corps, de manière que celles qui passent en l'autre vie ont soin de celles qui demeurent en celle-cy; et, comme ceux qui voyagent envoient à leurs amis des singularitez du pays où ils se trouvent, nous recevons souvent des présens que ces bonne sœurs qui ont passé devant nous, ont soin de nous obtenir de Dieu, devant lequel elles reposent en paix. Cela me fait d'autant plus recommander en votre maison la continuation de l'amour et de la liaison, que je loüe Dieu être dans votre communauté. Et pour cela singulièrement je ne cesserai d'avoir mémoire en mes sacrifices. Ne vous imaginez point, ny vos sœurs avec nous, que jamais je puisse oublier une maison qui m'est si précieuse devant Dieu et que j'aime si chèrement en luy et en sa sainte Mère; comme cette affection

(1) *Chron.*, liv. II, ch. 6.

n'est pas dans la chair et le sang, mais purement dans l'esprit, il ne peut avoir d'absence entre elles et moy, puisque je suis toujours en esprit avec elles et vous.

J'ay, par la grâce de Dieu, donné la consécration à notre neveu et, par la divine miséricorde je l'ay installé publiquement en ma chaire, selon l'ordre de la cérémonie que j'ay accompagnée de tous mes désirs, que je voy tantôt par cette dernière action entièrement consommée. Il ne m'en reste plus que pour le voir un bon et saint Evêque. Voilà tout ce que je souhaite et que je vous recommande et à votre communauté, puisque vous l'aimez. Je vous diray que tout, jusques icy, s'est passé avec grand applaudissement. A Dieu; qu'il soit avec vous et nos sœurs. Je suis, en luy, tout à vous et avec vous.

NICOLAS, *Evêque de Senlis.*

VIII.

Extrait du testament de Nicolas Sanguin. Dernier acte de sollicitude pour les écoles (1).

Pour une dernière marque de sa cordiale affection, il mit dans son testament (2) les trois articles suivans.

Articles extraits du testament de feu Monseigneur de Senlis : J'élis ma sépulture en une chapelle de l'église extérieure du monastère de la Présentation Nôtre-Dame de Senlis, sur laquelle sépulture je désire estre posé à fleur de terre une pierre de liais, où seront gravez les mots seuls qui ensuivent : *Cy gist Messire Nicolas Sanguin, autrefois Evêque de Senlis. Priez Dieu pour son âme.*

Je fonde audit monastère une messe basse pour estre célébrée pour le repos de mon âme et de mes parents et amis, chaque jour de l'année à perpétuité..... Pour donner moïen d'entretenir les dites messes, je donne audit monastère la somme de six mille livres que je prie les exécuteurs de ce mien testament de mettre en fonds.

Je donne encor audit monastère ce que j'ay acquis tant des héritiers de deffunt Adam le Maire que de Jeanne Potier, veuve de Joachim Paris, et Jacques Fautray, créanciers de Thomas Taconnet (3) et Marie le Maire,

(1) Liv. II, ch. 10.

(2) Voir en Afforty, t. V, p. 2772 et suiv., la cession faite par Nicolas Sanguin (1630) de la place de la *Voirie*, où avaient été les prisons du roi, de la *Belle-Image*, etc.

(3) Sur Thomas Taconnet et Marie le Maire, leurs créanciers Adam le Maire, le-

sa femme, ensemble la somme de trois mille livres, afin d'aider les bonnes religieuses de cette maison ès acquisitions et bâtimens dont elles ont besoin pour la commodité de leurs classes et de l'instruction publique des jeunes filles, dont je leur recommande le soin autant que je puis, comme étant le principal fondement de leur monastère et de son institut. L'exacte et religieuse observance de cette instruction continuera d'attirer de plus en plus sur cette maison les saintes bénédictions de Dieu, comme je l'espère.

Jamais ce bon Evêque, pour tout le bien qu'il a fait aux religieuses de la Présentation, ne leur a imposé d'autre charge que de dire à son intention un *Salve Regina* à l'issue de la messe conventuelle, les jours de la Présentation de Nôtre-Dame, de son Assomption et de ses Joyes, esquelles fêtes Notre Saint Père le Pape, par la bulle de l'institut, leur donne indulgences plénières. C'est tout ce qu'il exige d'elles pour toutes les maisons et places qu'il a acquises de son vivant (1), et qu'il leur a données pour servir à la construction du monastère et de l'église, à laquelle il a depuis contribué, jusques à la concurrence de vint trois mille livres pour en faire les voûtes et aider au reste de sa structure.

IX.

Nicolas Sanguin à la procession de Saint-Rieul.

Et (2) comme ladite ville [de Senlis] étoit en ce tems molestée de beaucoup de calamitez par les guerres, et que de plus il étoit survenu une grande seicheresse qui faisoit craindre la famine, le nouveau Prélat [Denis Sanguin], estimant qu'il étoit de son soin pastoral de porter son peuple à recourir à la prière pour attirer les bénédictions du ciel, en ordonna de publiques à toutes les églises, assignant à chacune son jour particulier par un mandement exprès. Il prit pour intercesseur saint

---

quel était « maitre tisserand en toile » (1637), Joachim Paris et Jeanne Paris, et Jacques Fautray. Voir Arch. de la Préf., H. 536.

(1) Les Archives de la préfecture de l'Oise contiennent quelques liasses peu intéressantes de contrats de vente concernant des propriétés sises aux Ageux, à Baron, Bazicourt, Carlepont (1627), Eve, Houdancourt, Le Mesnil, Montagny-Sainte-Felicité où dépendances de l'ancien fief senlisien de Tornebus, Montataire (ferme de Lalande), Morangles, qui a pour seigneurs (1665-1681) Louis de Belloy, marquis de Morangles (1731), René-Charles de Maupeou; Ognon, Pont-Sainte-Maxence, Saint-Vaast-de-Longmont, Villers-Saint-Frambourg.

(2) *Chron.*, liv. II, ch. 7.

Rieule, premier évêque du diocèse, dont il fit porter la châsse (1) en procession le mardy quatrième juin de la même année, pour faire l'ouverture des dites prières. Il y officia pontificalement aux premières et secondes vespres, où Monseigneur son oncle assista en rochet et camail. L'église fut gardée durant la nuit par une compagnie de cytoiens. Matines se chantèrent à minuit; ensuite se dirent des basses messes jusques à sept heures du matin, que tous les ecclésiastiques et religieux avec les corps de ville et de la justice se trouvèrent en cette église avec grande foule de monde, tant citoyens que réfugiez et autres personnes venües de plusieurs endroits pour voir cette cérémonie, qui n'avoit pas esté faite depuis soixante-deux ans. Monseigneur de Senlis l'ancien célébra une haute messe pontificalement, puis se fit la procession dans un grand ordre. Les deux seigneurs Evêques portèrent la châsse sur leurs épaules jusques devant le Barillet (2), où on avoit dressé trois autels pour reposer les châsses, Messieurs de Notre-Dame et de Saint-Frambault en ayant apporté de leurs églises (3). Le reste du têms la châsse de saint Rieule fut portée par ceux de son église, les seigneurs Evêques marchant, l'ancien à la droite et le jeune à la gauche, tous deux revestus pontificalement, les mîtres sur la teste; les ruës étant tapissées avec des reposoirs magnifiquement parez. Dans le cours de la procession, outre les pauses qui se firent aux reposoirs dans les rues, on en fit une dans l'église de Saint-Pierre, où Monseigneur de Senlis célébra la messe pontificalement. Puis la procession se continua jusqu'en l'église de Saint-Rieule, où la châsse fut posée dans le chœur, entre plusieurs cierges ou flambeaux ardens. Et le soir, après le salut, pendant qu'on chantoit le *Te Deum*, elle fut remise en son lieu.

Après la procession, la terre fut arrosée d'une pluïe abondante, et le lendemain il y eut quelque trève pour un tems, dont tous les cytoiens eurent grande consolation, aussy bien que d'avoir veu leurs deux prélats porter en grand respect et vénération le corps de leur premier saint Evêque, ce qui n'avoit pas encore esté vû, faisans mille souhaits que Dieu leur fît la grâce de les faire tous deux parvenir à la sainteté et qu'on eût lieu de pouvoir dire avec vérité que deux saints Evêques de Senlis

---

(1) Voir sur les translations de saint Rieul : *La Vie et les Miracles de Monsieur saint Rieul*, par Jaulnay.

(2) *Barillet*, hôtel rue des Balances, aujourd'hui de Villevert.

(3) Notre-Dame avait les reliques des saints Candide, Malulphe, Blaise Matthieu Julitte, sa sœur, Pétronille, etc. — Saint-Frambourg montrait les corps de son bienheureux patron, des saints et saintes Gerbauld, Silvin, Vigor et Laudovenne, la tête de sainte Ode, une côte de saint Eusèbe, des reliques de saint Eloi, le cornet de Roland, etc., etc.

avoient servy de char de triomphe à leur premier saint Evêque et apôtre de leur ville.

X.

De quelques présages de la mort de Messire Nicolas Sanguin. 1653.

La Révérende Mère Marie Pacifique (1), sœur dudit seigneur Evêque, quelques jours avant sa mort, étant dans une chambre basse dont la porte qui répond dans le cloître du monastère étoit ouverte, elle apperceut tout d'un coup une grande lumière qui la surprit, et se tournant vers cette porte, le toit de l'église parut à ses yeux comme s'il eût été vis-à-vis; quelque instant après, la même chose arriva une seconde fois, le toit de l'église lui paroissant de la même manière, ce qu'elle prit pour des éclairs, quoy que le ciel parut alors fort serain. Mais peu de têms après, ayant appris la mort du pieux Evêque, son frère, elle crut que c'estoit un présage de cette mort, d'autant qu'ayant mené une sœur au même lieu, qui s'étant mise en tous les endroits de ladite chambre, elle a reconnu qu'il est impossible d'y voir le toit de l'église.

Une autre religieuse, ayant vu en songe des personnes fort empressées, comme faisant dans leur église les préparatifs d'une grande solénnité, il luy sembla voir peu après entrer dans un bel ordre une procession composée de grand nombre d'ecclésiastiques, avec des cierges à la main, et une foule nombreuse de personnes de toutes conditions qui les accompagnoient. Dans cette procession paroissoit un char de triomphe qui sembloit contenir quelque chose digne d'une grande vénération, autour de quoy on voyait quantité de luminaires. Cette sœur, appercevant tout le monde dans un grand respect, demanda à quelqu'un des assistans le sujet d'une cérémonie si célèbre, et il lui fut répondu que c'estoit pour le saint. La sœur, étant éveillée, regarda tout cela comme un songe; mais lorsque le convoy du corps de son Evêque entra dans leur église, avec le grand nombre de luminaires et de personnes, tant ecclésiastiques que séculiers, et le bel ordre dans lequel il étoit porté, elle reconnut en cette cérémonie les mesmes choses qui lui avoient esté représentées dans son sommeil, et dit en elle-même: Voyla le saint que j'ay veu porter si magnifiquement.

---

(1) *Chron.*, liv. II, ch. 11.

XI.

Des funérailles de Messire Nicolas Sanguin. 1653.

Ce grand homme (1), qui ne devoit jamais mourir, étant décédé dans le château du Louvre, le quinzième juillet 1653, sur les onze heures du matin, et reporté en son hôtel..... Son corps fut embaumé; ses entrailles furent inhumées dans l'église des Révérénds Pères Minimes de la place Royale, et son cœur en celle des Révérends Pères Jésuites de la rue Saint-Antoine.....

Le jeudi dix-septième du même mois, le corps étant en un cercueil de plomb fut mis dans son carosse et conduit à Senlis, et déposé en l'église de l'hospital de Saint-Lazare (2), à l'entrée du fauxbourg Saint-Martin, où il demeura jusqu'au dimanche, y ayant jour et nuit des ecclésiastiques auprès dudit corps Toutes les matinées qu'il y demeura, on ne cessa point de célébrer des messes basses, outre le service solennel qui y fut fait à son intention. Le dimanche vintième, à la fin des vespres de toutes les églises de Senlis (3), le clergé, tant séculier que régulier, à la réserve des Pères Carmes, se rendirent en l'église cathédralle de Notre-Dame, et en sortirent tous selon le rang accoutumé, s'acheminant à Saint-Lazare pour faire le convoy comme il s'en suit. Le Révérendissime Evêque, revestu pontificalement, sans toutefois avoir sa crosse, ayant levé le corps du défunt, six Pères Capucins le prirent pour le porter les premiers. On commença à marcher en ordre, sçavoir : vint quatre enfans bleus dudit hôpital, portant chacun un cierge blanc garny des armes du défunt, marchoient les premiers; ensuite les Pères Capucins; puis les Cordeliers; après, les habituez des paroisses; ensuite les curez, tant de la ville qu'autres lieux; puis les chanoines réguliers de Saint-Vincent et Saint-Maurice, les chanoines de Saint-Frambourg et après, ceux de Saint-Rieule; ensuite ceux de Notre-Dame; puis les dignitez des trois chœurs,

(1) *Chron.*, liv. II, ch. 12. — Un contrat de vente, signé par sœur Catherine Dreux, Anne de Houdancourt, etc. (avant 1633), mentionne que Nicolas Sanguin logeait à Paris, rue de la Barre-du-Bie, paroisse de Saint-Médard.

(2) Aujourd'hui hôpital général.

(3) Senlis avait alors huit paroisses, dont deux aux faubourgs : Saint-Etienne et Saint-Martin; — trois chapitres : Notre-Dame, Saint-Rieul et Saint-Frambourg; — les abbayes ou monastères de Saint-Vincent, de Saint-Maurice, des Cordeliers, des Capucins (Bon-Secours, puis, 29 octobre 1641, rue Saintisme-Alargent).

selon leur ordre; ensuite les quatre crieurs de la ville, revestus de leurs robes garnies des armes du deffunt, portant chacun un cierge blanc et sonnants leurs clochettes, comme aussy le crieur de nuit. Après suivoient douze prêtres, revestus d'aubes blanches et d'étolles noires, tenant chacun un cierge garny comme les autres. Ensuite étoit porté le corps du défunt, couvert d'un poil de velour noir, les quatre coins duquel étoient portez par les sieurs doyen, chantre, archidiacre, et sous-chantre de Notre-Dame, tenans chacun un flambeau de cire blanche et revestus de pluviaux de velour noir. Derrière le corps étoient l'official, vice-régent, promoteur et greffier de l'officialité, avec les autres officiers des justices de l'évêché, tenans chacun un cierge. Et après suivoient les corps du présidial, de l'élection et de Messieurs de ville, avec une prodigieuse affluence de monde, tant de la ville que de tous les lieux circonvoisins.

Les Pères Capucins ayans porté le corps jusques à une croix qui est au milieu du faubourg, six Cordeliers le portèrent jusques devant l'église des Pères Carmes (1), où l'on fit une station pendant laquelle lesdits Pères dirent le psalme *De Profundis.* De ce lieu, six curez le portèrent jusques au port aux pains (2), où les religiens de Saint-Vincent le prirent et le portèrent jusques au Châtelet (3). De là les chanoines semi-prébendez de Notre-Dame le portèrent devant les trois pots d'étain (4), d'où six chanoines capitulans de la même église le portèret jusque dans le chœur de leur église, où il fut posé avec trois douzaines de flambeaux autour, et des cierges en tous les chandeliers, tant de l'autel, candélabre, trait (5) et tout autour du chœur. On chanta vigiles solennellement, Monseigneur de Senlis y officia; puis les vigiles étant finies, tous s'en retournèrent chacun en leur église, tant ecclésiastiques que religieux, le corps demeurant la nuit dans le chœur de la cathédralle. Le lendemain, sur les dix heures du matin, tout le susdit clergé se rendit à la même église, où on célébra la messe solennelle. Monseigneur l'Evêque y officia; la-

(1) Les Carmes avaient acheté, le 29 juillet 1641, le couvent des Bonshommes, aujourd'hui magasin d'habillements militaires, rue Vieille-de-Paris.

(2) Porte aux pains, *porta ubi panes venduntur,* ou porte de la cité, dite de Paris, ou porte du *Gloria-Laus,* en bas de la rue du Châtel, presque devant l'Hôtel-de-Ville.

(3) Hôtel du Châtelet, rue du Châtel, en face l'Hôtel-Dieu de Gallande.

(4) Hôtel des Trois-Pots, encore reconnaissable à son antique enseigne entre la rue des Prisons, aujourd'hui impasse Baumé, et la porte du Château, au haut de la rue du Châtel.

(5) Est-ce *Trait* ou *Frait,* qui serait une corruption de *Feretrum,* civière?

quelle étant finie, le corps fut porté en l'église de la Présentation dans le même ordre que le jour précédent, excepté le port du corps, qui fut en cette sorte : six chanoines capitulaires de Nôtre-Dame le portèrent jusqu'au mur qui sépare le cloître d'avec la rue (1). De ce lieu, six semi-prébendez de la même église le portèrent jusque devant l'Hôtel-Dieu (2), d'où six chanoines de Saint-Rieule le portèrent jusques au carrefour des Quatre-Vents (3). De là les religieux de Saint-Vincent le portèrent jusques au port au pain, d'où six curez le portèrent jusques au carrefour des Trois-Poissons (4). De ce lieu, les Cordeliers le portèrent jusqu'au carrefour des Tixerands (5), et les Pères Capucins jusque dans l'église de la Présentation, ...sous un dais noir qui pendoit à la voûte.....

Le lendemain, vint deuxième du même mois (vint quatre ans après l'établissement de l'ordre, auquel our le défunt avoit donné l'habit de religion aux sept premières filles), tout le clergé se rendit processionnellement en l'église de la Présentation, où Monseigneur de Senlis célébra la messe pontificalement, après laquelle il fit l'inhumation avec toutes les cérémonies portées au pontifical. Messieurs les doyen, chantre, archidiacre et sous-chantre de Notre-Dame, y firent les quatre premiers encensemens et aspersions, et Monseigneur de Senlis fit le cinquième. Puis le corps fut porté par six chanoines de Notre-Dame en la chapelle où il devoit estre inhumé et mis dans le caveau préparé à cet effet. Au bout de six semaines fut fait encore un service solennel en l'église de la Présentation. Tout le clergé assista aux vigiles que les religieuses chantèrent solennellement. Le lendemain, Monseigneur de Senlis y célébra la messe pontificalement, et le Révérend Père Pingret, jésuitte, fit l'oraison funèbre.

A Paris, les Révérends Pères Jésuites en firent aussy un (6) en leur église; Monseigneur le Nonce y officia, et Monseigneur l'évêque du Puy (7) fit l'oraison funèbre; en laquelle, comparant notre illustre défunt aux

---

(1) Entre le grand clocher et le presbytère actuel.

(2) Hôtel-Dieu de Gallande, rue du Châtel. Des débris remarquables du XIIIe siècle indiquent son antique gloire.

(3) Aujourd'hui place Autas-la-Bruyère.

(4) A la rencontre des rues du Long-Filet et Sainte-Geneviève.

(5) Des Turlupins ou de la Croix-Blanche, devant le perron de l'église de la Charité. Conf. pour cet itinéraire *Monog, suprà.*

(6) Le 16 août. C'est dans l'église des Jésuites qu'il avait été sacré, trente et un ans auparavant, le 12 février 1623.

(7) Henri Cauchon de Maupas du Tour, premier aumônier d'Anne d'Autriche, évêque du Puy (septembre 1641-juillet 1661), puis d'Evreux (1661-1680), écrivain

thrones, il luy appropria ces trois qualitez, savoir : d'estre fermé du costé de la terre, ouvert du costé de Dieu et ayant une fermeté inébranlable dans le bien, ainsi que ces sublimes intelligences.

XII.

Constitutions et Formulaire de la Présentation.

M. Pr. Cultru et moi avons chacun entre les mains des copies manuscrites des *Constitutions de l'ordre de la Présentation* et du *Formulaire ou Conduite intérieure pour toutes les actions de la journée, disposé en faveur des Religieuses de la Présentation de Notre-Dame de Senlis, l'an* MDCLXXXVII. La copie que j'ai sous les yeux renferme deux cent quarante-trois pages pour les *Constitutions* et cent et une pour le *Formulaire*. Tout est prévu dans ce règlement : esprit surnaturel, détails de la vie commune, gouvernement de la maison, etc. Il faudrait, pour connaître davantage encore le saint fondateur, lire ces monuments qui sont dus à son zèle ou du moins à des héritiers de son esprit. Je copie quelques traits.

Première partie — ... *Des pensionnaires : Chapitre XI*..... — XIII. Communieront les premiers dimanches du mois, les festes de Nostre-Seigneur, de Nostre-Dame, de saint Augustin et jour qu'il y aura vesture, profession ou indulgence, et plus ou moins souvent, selon que la supérieure le jugera plus expédient.... (1).

XV. — Celles qui demenderont d'estre receues en la communauté seront auparavant remises es mains de leurs parents pendant un mois s'ils le désirent, pourveu qu'il n'y ait évident péril en cette remise (2).

Chapitre XIII. — Des rangs et qualités des sœurs professes, converses, novices converses, clergesses, sœurs servantes..... — VI. La supérieure, pour la charité maternelle qu'elle doit avoir, sera qualifiée du nom de Mère et nullement de celuy de Dame.... IX. Le nom de Mère, sans adjonction, ne sera donné qu'à la supérieure.....

(1) Le jansénisme n'avait pas encore affligé nos pays par cette austérité qui montre en Dieu un maître plutôt qu'un père, et jette facilement les âmes d'un zèle excessif de leur sainteté dans le désespoir.

(2) L'on voit avec quel scrupule le pieux fondateur tenait à donner aux vocations toutes leurs conditions de liberté.

SECONDE PARTIE. — *De la régularité intérieure. De la perfection religieuse : Chapitre I.....* — III. Les religieuses de cet institut sont obligées à une perfection d'autant plus grande qu'elles se proposent d'imiter Nostre Dame, la plus parfaite de toutes les créatures, et de vaquer à 'instruction du prochain, qui requiert un soin plus expres de se perfectionner elles-mêmes.....

Inutile de signaler avec quelle insistance Nicolas Sanguin revient sans cesse à cette éternelle et pratique question de l'instruction de l'enfance. Il semblerait aujourd'hui, à entendre certains déclamateurs, que tel ou tel l'a inventée; elle a été de tous temps l'une des plus vives préoccupations de l'Eglise.

Des trois vœux solennels et premièrement de la pauvreté : Chapitre II. — XII. On déclare que celles qui décéderont propriétaires seront traittées comme excommuniées et privées de sépulture en terre sainte.....

De quelques vertus spéciales : Chapitre V. — II. La simplicité de cœur, a résignation à la volonté de Dieu et la mansuétude.....

Des retraites. etc. : Chapitre VI. — IV. Pour faire aussy à Dieu un continuel sacrifice du silence en la maison, il y aura chaque jour de l'année une sœur en retraicte par tour.....

De la conversation : Chapitre XV. — VIII. Eviteront en leurs entretiens les vains et inutiles complimens du siècle.....

Des austérités et mortifications : Chapitre XIX. — II. Abstinence le mercredi..... V. Feront la discipline en commun tous les vendredis pendant le verset : *Christus factus est pro nobis obediens usque ad mortem.....*

TROISIÈME PARTIE. — *De la régularité extérieure; des mortuaires : Chapitre XXIV.* — XII. Nourriront aussy à mesme intention d'une sœur défunte, un pauvre par aumosne, chaque journée de laditte neufvaine...

QUATRIÈME PARTIE. — *Des charges et offices de la maison; des élections : Chapitre II.* — XXI. Il est expressément deffendu aux sœurs de se donner leurs voix à elles-mêmes sous peine de désobéissance.....

Suivent les détails sur les charges de la Mère supérieure, de la Mère vicaire, des Sœurs du conseil, de la Maîtresse des novices, de la dépositaire, qui sera « une sœur ancienne, sage et fidelle », de la préfette ou directrice de l'école. « Cette officière est for » considérable, l'obligation d'instruire les jeunes filles estant « l'un des plus importans devoirs de l'institut..... Visitera la- « dite école chaque semaine, et les maîtresses des classes luy « rendront compte une fois le mois de l'estat de l'instruction ».

Suivent les charges des maîtresses des classes, « lesquelles « auront soin d'eslever les jeunes filles dans l'honneur et la ré- « vérence deüe aux parens et de les rendre civiles et respectueuses « les unes envers les autres....., les enseigneront toutes avec « mesme soin, sans acception des personnes, et souffriront en- « core plus particulièrement de l'imbécilité des pauvres. Les ré- « compenses seront d'*agnus dei*, d'images ou autres semblables, « comme aussy de charges et dignitez qui seront renouvellées « tous les mois ». Tradition d'éducation dont un monde irreligieux n'a plus assez de bon sens pour comprendre la sagesse pratique et la dignité.

Suit le *Formulaire,* qui renferme plus d'un détail véritablement digne d'une attention sérieuse :

La religieuse qui a renoncé à toutes les alliances de la terre pour se consacrer à Dieu ne pense, dit l'apôtre, qu'à ce qui peut contenter la Divine Majesté. C'est le malheur ordinaire de la plus part des personnes qui sont engagées dans le monde de n'avoir qu'une âme partagée et de se voir divisées en autant de partis qu'il y a de sujets auxquels elles s'attachent. Mais l'esprit d'une vierge est tout entier au Seigneur et ne forme des pensées que pour ce qui regarde sa gloire. Elle entend la voix des enfans du siècle qui se déclarent chacun pour l'objet qu'ils ayment et qui disent comme autrefois ceux de Corinthe : Je suis à Paul, et moy je suis à Pierre. Mais pour elle, parlant avec ceux qui raisonnent le mieux, elle dit sans cesse : Je suis toute à Jésus-Christ. *Ego autem sum Christi*

Quelques extraits pris au hasard donneront une idée de cette règle de direction et de l'esprit que le saint fondateur voulait inculquer à sa communauté.

Du réveil. — Il faut que la première pensée qui occupe votre esprit, en vous éveillant, soit toute divine, puisqu'elle doit vous consacrer à Dieu tout de nouveau, en vous unissant de cœur et d'esprit à ce Souverain de tous les estres, qui ne dort jamais et qui toujours veille pour vous faire du bien et vous conserver. *Ecce non dormitabit neque dormiet qui custodiet Israel.....*

Du vestir. — ..... 3° Si vous sentés des attraits plus doux et qui ayent plus de raport avec l'estat des bien heureux, vous pourés considérer avec plaisir ce même habit religieux comme l'habit des noces que le roi Jésus votre époux vous a donné au jour de vos fiançailles ; regardés votre voile comme une couronne, le manteau d'Eglise comme votre manteau royal, et enfin tous vos autres vestemens comme les ornemens d'une Reine destinée à la noble allience du fils de Dieu, chaste Epoux des Vierges ; c'est pourquoi, en vous habillant, vous pourés dire comme sainte Agnès, dans le transport de son amour et dans la joye que son cœur concevoit au sujet de cette même alliance. *Induit me Dominus ciclade auro texta, et immensis monilibus ornavit me; posuit signum..•*

De la première sortie de la chambre. — .....Entrés au chœur comme la reine de Saba dans le palais de Salomon, c'est-à-dire toute surprise des grandeurs et des mistères que vous appercevés.....

Des grandes messes. — Lors que dans les grandes fêtes un prestre approche de l'autel avec des habits pontificaux et qu'il est précédé de plusieurs autres ministres, qu'il est comme perdu au milieu des fumées odoriférantes et des encenssements après lesquelles il va s'assoir pendant que l'on contiue le chant, ne diriés vous pas que c'est Jésus-Christ le souverain prestre qui monte sur son trône avec un appareil de gloire au jour de son assension, pour y jouir du repos éternel qu'il s'estoit acquis par ses souffrances?..... Quand on tire le rideau de votre grille, pour adorer Jésus-Christ sur l'autel, pensés à ce grand jour de l'éternité où il n'y aura plus de voille qui vous cache l'objet sacré de vos amours, et qu'alors le voyant face à face vous serez exempte de tous maux et remplie de tous biens.....

Des affaires temporelles — Touchant les affaires temporelles de la maison, je vous diray seulement que comme il ne faut pas laisser perdre les biens de la communauté, il ne faut pas aussy s'y trop attacher ; nous sommes tous dans l'Eglise militante comme des soldats qui passent chemin et qui doivent seulement vivre par estapes dans les villes où ils séjournent, sans vouloir y étabir de fortune. Si vous avés du bien, c'est le patrimoine de Jésus-Christ et un gros d'aumosnes dont vous n'avés que le simple usage ; sy quelque chose vous manque, ne vous en inquiétez pas, puisque la pauvreté est le plus riche trésor du monde, et, comme dit saint François de Sales, trop est avare à qui Dieu ne suffit.....

De l'instruction de la jeunesse. — C'est bien icy la plus noble et la plus utile occupation d'une religieuse, puisqu'elle contribuë au bien public et au salut des âmes. Recevés donc ces enfants qui viennent à vostre escolle, comme Jésus-Christ recevoit ceux qui venoient à luy et qu'il vouloit que ses apostres les receussent, c'est-à-dire comme des petits innocents à qui apartient le royaume des cieux. Employés toute votre industrie pour les rendre capables de ce qu'ils doivent scavoir, sans vous rebuter de l'imbécilité de leurs esprits et de la fragilité de leur aage. Ne regardés point en cela vos inclinations naturelles (1). Et s'il faut faire

(1) Inutile de faire remarquer la beauté admirable de ces enseignements et la supériorité de cette pédagogie surnaturelle.

quelque préférence, ce doit estre aux plus pauvres, comme en ayant plus besoin; mais souvenés vous, en leur aprenant à lire, à escrire et à travailler, de vous appliquer surtout à leur donner une bonne tinture de la piété chrestienne et en jetter dans leurs âmes les premiers fondemens. Instruisez-les exactement du cathéchisme et de toutes les vérités nécessaires au salut, comme sont l'horreur du péché, l'amour de la vertu, la crainte de Dieu, etc. Endurez leurs petits deffauts sans impatience; corrigés les sans passion; aymés les sans carresses et donnés leur toujours bon exemple; sy votre santé est intéressée dans cet employ et que l'obéissance vous y continuë, consolés vous dans la pensée que vous ne pouvés mieux consommer votre vie qu'en la sacrifiant à la gloire de Dieu et au salut du prochain.

Des entretiens sérieux. — Il seroit à souhaiter qu'on ne parlât jamais lorsqu'on n'a rien à dire de meilleur que le silence. Mais si vous avés à parler de dévotion, parlés en plus tôt en disciple et en écolière qu'en sçavante et en maîtresse, pour éviter la vaine gloire et l'amour propre. Jésus-Christ, qui avoit tous les trésors de science et de sagesse de Dieu, nous a donné luy-même l'exemple de cette sainte pratique, aymant mieux consulter les docteurs dans le temple que de leur donner des enseignements.....

De la retraite d'une heure. — Les intelligences qui meuvent les cieux sont toujours immobiles dans leur repos, et ce bran'e continuel qu'ils donnent à ces grands globes ne les distrait non plus qu'il les lasse; mais il n'en est pas ainsi des hommes : sy peu que nous fassions, nous nous dissipons beaucoup. C'est pourquoy il est très nécessaire de rentrer dans cet heureux calme et ce paisible estat que les actions extérieures nous font perdre souvent. La Religion, comme notre bonne mère, en même temps qu'elle nous oblige au travail, elle nous donne quelques heures de retraite pour réparer ce que nous pourrions avoir perdu de l'attention que nous devons à Dieu, qui s'altère dans la continu de l'action. Faites donc estime de ce temps que vous avez tous les jours et la consacrés toute entière à la paix et au recueillement d'esprit. Entrés dans votre chambre comme dans un saint désert; mettés vous en la présence de Dieu et fermés la porte de votre cœur à toutes les créatures; adorés profondément ce souverain estre et demeurés en cet heureux estat le plus que vous pourés. Ensuite faittes vostre quart d'heure de lecture spirituelle avec vos prières ordinaires; rendez à la Sainte-Vierge, à votre bon ange, à saint Augustin, votre père, à vostre saint du mois et à tous vos autres saints protecteurs les hommages que vous leur devés, et terminés ainsy utillement cette heure de retraite.

XIII.

Quelques autres actes de la vie de Nicolas Sanguin.

1624, 8 septembre. — Nicolas donne le voile aux Ursulines de Crépy et entoure leur monastère de ses sollicitudes.

1625, 2 février. — Il assiste l'archevêque de Paris qui sacre évêque de Mende Daniel de la Mothe-Houdencourt.

1625. — Dédicace, le 19 juillet, de l'église de Saint-Nicolas d'Acy. — L'on rencontrera dans les mêmes sources les dédicaces de l'église de Montagny-Sainte-Félicité, de Sainte-Geneviève de Senlis (10 août 1628), de l'église de Versigny (25 avril 1646).

1631. — L'hôpital Saint-Lazare devient Hôpital général et commence à recevoir les pauvres.

1634-1641. — Statuts synodaux où sollicitude pour la parfaite tenue des églises, etc.

1638. — Réformation à Saint-Maurice de Senlis.

1639. — Nicolas condamne avec d'autres évêques de France les livres *Des Libertés gallicanes* et *Des Preuves des Libertés gallicanes.* — Il sacre évêque de Gap Artus de Lionne.

1641, 23 juillet. — Ordonnance au sujet des écoles : Nicolas Sanguin défend que l'on y « admette indifféremment les enfans « de l'un et de l'autre sexe » sous l'enseignement d'un maître commun, ou que l'on confie les filles à des maîtres, et *vice versa*.

1644, juin. — Etablissement de la Confrérie de la Charité pour la visite des malades...

1647. — Censure d'un sermon de Deslyons sur l'Assomption ; appel de Deslyons, etc.

1650, 28 février. — Arrêt du Parlement en faveur de Nicolas Sanguin, qui veut arrêter les usages scandaleux de Saintines.

1652, 14 janvier. — Sacre de Denis Sanguin : Nicolas est assisté de Jean de Lestrade, évêque de Condom, et de Jacques Danès, évêque de Toulon.

XIV.

1. « Notre évêque, persuadé », dit du Ruel, « qu'un des véri-

« tables moiens pour être utile au salut de son peuple étoit de « prévenir l'ignorance et la fainéantise, surtout dans les per- « sonnes du sexe, à qui particulièrement la Providence a confié « l'éducation des familles »..., fonde la Présentation... (Mss. à la Bibl. mun. de Senlis.)

2. Afforty a copié (t. v, p. 2756 à 2768), la bulle d'Urbain V, l'acte d'Assemblée de Ville (1er juillet 1629), les lettres de Nicolas Sanguin (15 août 1629) et les lettres-patentes du Roy (février 1630) pour l'établissement du monastère.

3. Le même chanoine de Saint-Rieul a relaté (*Ibid.*, p. 2776) les contrats de dot de Marie de la Croix (1626);

D'Anne Thirement, fille cadette de Claude Thirement, maître chandelier de suif, bourgeois de Paris, et de Perrette Seguin (1629);

D'Anne David, fille de feu Claude David, marchand bourgeois de Senlis (1629);

« De Françoise Poulet, fille de Philippe Poulet, escuyer, sei- « gneur de Saint-Syphorien, demeurant au village de Pom- « poingt, et de deffunte demoiselle Françoise de Bordreuil, sa « première femme, scavoir 3,750 livres tournois, 100 francs « pour le noviciat et 100 livres de rente et pension viagère, le « 17 novembre (1629) »;

De demoiselle Anne de la Mothe-Houdencourt (1629), fille de « Mre Philippe de la Mothe » et de dame Louise Charles;

De Gennevièνe Descroisettes, fille de Jean Descroisettes, procureur au siège présidial de Senlis (1630).

4. « Du mercredi 6 avril 1639, M. Jaulnay, chantre de céans « [Notre-Dame de Senlis], a remercié Messieurs [du Chapitre] de « la part de la Mère supérieure de la Présentation d'avoir assisté « à la cérémonie de la première pierre de l'église, et a présenté « des ouvrages des religieuses qui ont étez distribuez à un cha- « cun des assistants ». (Afforty, t. III.)

5. Les pièces du procès que la construction des deux passages voûtés sous les rues de Meaux et de la Tournelle amena entre la ville et la Présentation (1650-1655). L'on voit à la lecture de ces documents que le monastère agrandi contient une soixantaine de religieuses... (Afforty, t. v, p. 2730 à 2745.)

6. Nicolas lègue entr'autres « six mille livres pour la fondation « d'une messe basse par chacun jour à l'entrée des classes des

« jeunes filles dans l'église de la Présentation, trois mille livres « pour acquérir des maisons ». (Du Ruel.)

... Quand Denis Sanguin meurt en 1707, âgé de quatre-vingt-un ans, son corps est inhumé à côté de son saint oncle à la Présentation, « où l'on ne cessera jamais », dit le *Gallia*, « de « prier Dieu à leur intention ».

Les Filles de la Présentation qui avaient reçu cette douce charge ont disparu avec mainte autre gloire de notre toujours chère cité. Mais est-il juste d'oublier ou même d'ignorer les noms de ce monastère et de son illustre fondateur? Le souvenir reconnaissant est une des fleurs de la Religion.

www.ingramcontent.com/pod-product-compliance
Ingram Content Group UK Ltd.
Pitfield, Milton Keynes, MK11 3LW, UK
UKHW020958180726
13838UKWH00003B/1383

9 782329 370606